だいわ文庫

これ1冊で!

もっと愛される「大人のマナー・常識」辞典

ベスト・ライフ・ネットワーク

大和書房

こんな人にお勧め！　本書の三大特徴

①　もう一度マナー・常識をおさらいしたい

本書では、大人として、社会人として、押さえておきたい基本のマナーを紹介しています。日常生活のなかでいまひとつ自信がないマナーや常識を再確認したい方、初心に立ち返って基本を学びなおしたい方、もちろん新社会人の方にもお勧めです。

全体をとおしておさらいしても、気になる項目だけ拾い読みしてもかまいません。どんな使い方にも対応できるよう、ひとつひとつの項目は独立したつくりになっています。

また、「これってどうするのが正解？」という疑問に対しても、知りたい内容がすぐにわかる小見出しをつけていますので、「手元に置いておくと、いざという時に安心」な一冊です。

②　大人の振る舞いをしたい

本書のもうひとつの特徴は、エレガントな大人の振る舞い、感じの良い所作を実現させるためのマナーを多数掲載している点です。

ビジネスはもちろん、プライベートでも、スマートで洗練された大人の振る舞いを求められるシーンは、年齢を重ねるほどに増えていきます。

ただ「正しい」「失礼にならない」だけではなく、品のある大人の振る舞いを身につけたい方にもお勧めします。

③ 人に好かれるマナーを身につけたい

本書では、基本からさらに一歩踏み込み、相手の印象を格段に良くする「好かれポイント」を各項目末に掲載しています。

「好かれポイント」といっても、ひとつひとつは難しい技術ではありません。知ってさえいれば誰でも簡単に実行できることばかりです。

ただし、そのほとんどは、知らなければできない心遣いです。

各項目の最後に、知っていることで大きく差がつき、愛されるポイントを中心にピックアップしていますので、いざという時に活用してみてください。

「マナー」と言われると、堅苦しいイメージを持たれる方も多いでしょう。

しかし、「マナー」の本質は「相手への心遣い」に尽きます。

本書を、素敵な心遣いができる、「愛され、信頼される大人」になるための一助として、活用していただければ幸いです。

平成二六年六月五日

ベスト・ライフ・ネットワーク

これ1冊で！

もっと愛される

「大人のマナー・常識」辞典

CONTENTS

目次

SCENE 1

あなたの周りに人が集まる 会話のマナー

SCENE 2

さらりと気の利いた演出をする

お付き合いのマナー

SCENE 3

顔が見えないからこそ気をつけたい
手紙、メール、電話のマナー

SCENE 4

あわてない、恥をかかない

冠婚葬祭のマナー

SCENE 5

スマートに振る舞う 食事のマナー

SCENE 6

相手の気持ちが和む おもてなしのマナー

SCENE 7

良い印象を残す 訪問と身だしなみのマナー

SCENE 1

あなたの周りに人が集まる
会話のマナー

SCENE 1

ビジネス 一般

会話のマナー

美しく正しい敬語を使いこなせば好感度UP！

★★★ 尊敬語と謙譲語は使い分ける

敬語で難しいのは**尊敬語**と**謙譲語**の使い分けです。尊敬語は相手を高める言葉、謙譲語はこちらを下げることで相対的に相手を高める言い方と覚えるとわかりやすいでしょう。

★★★ 尊敬語の基本は「お〜れる」

尊敬語は、相手の動作の頭に「お」や「ご」、語尾に「れる」「られる」「なさる」「になる」「くださる」などをつけます。

たとえば、「読む」は**「お読みになる」**、「受ける」は**「お受けになる」**などとなります。また、「食べる」の尊敬語が**「召し上がる」**であるように、別の言葉に言い換えて尊敬語とする場合もあります。

★★★ 謙譲語の基本は「お〜する」

謙譲語は、相手に関わる自分の動作の頭に「お」や「ご」、語尾に「する」や「申し上げる」をつけます。たとえば、「尋ねる」は**「お尋ねする」**、「伝える」は**「お伝えする」**などとなります。

また、相手が自分にしてくれる動作の頭に

主な尊敬語、謙譲語の言い換え

動詞	尊敬語	謙譲語
会う	お会いになる、会われる	お目に掛かる、お会いする
あげる	おあげになる	差し上げる
言う	おっしゃる、言われる	申す、申し上げる
行く	いらっしゃる	伺う、参上する、参る
いる	いらっしゃる	おります
受ける	お受けになる、受けられる	拝受する、お受けする
教える	お教えになる、教えられる	お教えする、ご案内する
思う	思われる、お思いになる	存じる、存じ上げる
買う	お求めになる、お買いになる	買わせていただく
帰る	お帰りになる	失礼する、おいとまする、帰らせていただく
借りる	お借りになる、借りられる	拝借する、お借りする
聞く	お聞きになる、お尋ねになる	伺う、拝聴する
聞かせる	お聞かせになる	お聞かせする、お耳に入れる
来る	おいでになる、お見えになる、お越しになる	参る、参上する
知る	ご存じ	存じ上げる
する	なさる、される	させていただく、いたす
尋ねる	お尋ねになる、お聞きになる	伺う、お尋ねする、お聞きする
食べる、飲む	召し上がる、お食べ（飲み）になる	いただく、頂戴する
待つ	お待ちになる、待たれる	お待ちする
見せる	お見せになる、見せられる	お目に掛ける、ご覧に入れる
見る	ご覧になる、見られる	見させていただく、拝見する
もらう	お受け取りになる	いただく、頂戴する
読む	お読みになる、読まれる	拝読する、お読みする

「お」や「ご」、**語尾に「いただく」をつける**場合もあります。そのほかにも、「聞く」の謙譲語が「伺う」であるように、別の言葉に言い換えて謙譲語とする場合もあります。

★★★ 社外では上司にも謙譲語を使う

社内では上司や先輩社員には尊敬語を使い、自分の行動に対しては謙譲語を用います。

間違いやすいのが、社外の人の前で社内の人のことを話す時です。**社外の人の前では、上司や先輩の話でも尊敬語ではなく謙譲語を使用**します。

★★★ 上司や先輩の身内には尊敬語を

忘れがちなのが上司や先輩の家族への尊敬語です。「奥さんも見る」は**「奥様もご覧になる」**、「子供も来る」は**「お子様もおいでになる」**となります。上司や先輩の身内も敬う対象なので注意が必要です。

★★★ 御社、弊社を使いこなす

社外の人との会話では、自分の会社のことを**「弊社《へいしゃ》」**、相手の会社のことを**「御社《おんしゃ》」**と呼びます。

「弊社」と同じような意味合いで**「当社《とうしゃ》」**や**「小社《しょうしゃ》」**を使う場合もあります。「弊社」「小社」は謙譲語ですが、「当社」は謙譲語ではありません。最近のビジネスシーンでは、「弊社」という表現を使うのが一般的です。

また、書面では相手の会社を**「貴社《きしゃ》」**とする場合もあります。「御社」は口語表現、「貴社」は文語表現と覚えておきましょう。

★★★

ビジネス常用ワードを使いこなして美しい話し方を

ビジネスシーンでは、**「少々」「いかが」「差し上げる」**など、よく使う丁寧な表現がたくさんあります。これらの丁寧な表現は、ひとつひとつは難しい言葉ではありませんが、覚えていないとスムーズに出てきません。

いざという時に困らないよう、日ごろから下の表にあるような丁寧な表現を心がけ、美しい話し方が自然にできる大人を目指しましょう。

ビジネスでよく使う丁寧な表現

一般的な表現	丁寧な表現	一般的な表現	丁寧な表現
今日	本日	これ、この、こっち	こちら
昨日（きのう）	昨日（さくじつ）	それ、その、そっち	そちら
一昨日（おととい）	一昨日（いっさくじつ）	あれ、あの、あっち	あちら
明日（あした）	明日（みょうにち）	どれ、どの、どっち	どちら
今年	本年	ちょっと	少々
去年	昨年	どう	いかが
今	ただいま	どうやって	どのようにして
すぐに	ただちに、さっそく、間もなく	どうか	何卒
さっき	先ほど、先刻	誰	どなた様、どちら様
あとで	後ほど		

☆「花冷え」「小春日和」…季節をあらわす美しい日本語を使いこなす

「花冷え」は桜の咲く頃ふいに襲う寒さを、「小春日和」は秋から初冬にかけての春のような陽気を指す言葉。季節をあらわす日本語を使いこなす人は素敵に見えます。

SCENE 1

ビジネス

一般

会話のマナー

うっかり恥ずかしい「間違い敬語」を使っていませんか？

★★★

社内では「○○部長」社外では「部長の○○」

社内では、上司の名前の下に役職名をつけて「○○課長」などと呼ぶのが一般的ですが、**役職名はそれだけで敬称**になるので注意が必要です。

社外では身内の敬称は取るのが基本マナーですから、社外の人の前では、上司や先輩の名前には役職名や「～さん」などの敬称をつけずに**「課長の○○」**などと呼び捨てにします。

★★★

二重敬語になっていませんか？

「お聞きになられましたか」という言い方は、丁寧な表現のようですが、これは「お聞きになる」という尊敬語にさらに「られる」という敬語がくっついた**二重敬語**であり、間違った表現です。

正しくは「お聞きになりましたか」となります。「ご覧になられる」も「ご覧になる」で十分です。

こうした二重敬語は、気づかずうっかり使っていることが多いので注意が必要です。

★★★
「～のほう」「～でよろしかったでしょうか」はNG

「コーヒーのほうをお持ちしました」「こちらでよろしかったですか」などのように「～のほう」を入れたり、過去形にしたりすることで丁寧な言葉遣いになると思い違いをしている人は多いようです。しかし「～のほう」は丁寧語ではなく単なるぼかし表現ですし、過去形にすることには意味がありません。

「コーヒーをお持ちしました」「こちらでよろしいでしょうか」で十分丁寧な言葉遣いです。

★★★
「～なります」は丁寧語ではない

「こちらが領収書になります」など、「～のほう」と同様「～なります」を丁寧な表現として多用している人もよく見かけます。

しかし、「～なります」という言葉は本来何かが別なものへと変化した時に使う言葉です。この場合、領収書がもともと別のものであったわけではないので、**「こちらが領収書です」**という表現が正解です。

★★★
上司に「ご苦労様です」は×

ねぎらいの言葉として使われる**「ご苦労様」**と**「お疲れ様」**。意味は同じですが、相手に応じて使い分けが必要です。

「ご苦労様」は、もともとは殿様が臣下に使った言葉です。そのため、目上の人に使うと失礼にあたります。

目上の人に対しては「お疲れ様です」とい

う言い方をします。

取引先に「お世話様」はNG

「お世話様です」も、「です」がついているのでそれなりに丁寧な言葉遣いのように思えますが、実際は敬意に欠け、取引先や目上の人に使うのは失礼です。

取引先や目上の人へは、「お世話になっております」という言い方をします。

不要な「さ」を入れていませんか？

「〜させていただく」も頻繁に聞くフレーズですが**「さ入れ言葉」にならないよう**注意が必要です。

「さ入れ言葉」とは、「〜させてもらう」の謙譲語「〜せていただく」に不要な「さ」を入れた間違い敬語です。

「着させていただく」「受けさせていただく」は問題ありませんが、「読まさせていただく」「楽しまさせていただく」は本来「さ」が不要の「さ入れ言葉」です。**正しくは「読ませていただく」「楽しませていただく」**です。

必要な「ら」を省くと幼稚な印象

正しくは「食べられますか」と言うべきところを「食べれますか」というように、本来必要な「ら」を省いてしまう間違った言葉遣いを**「ら抜き言葉」**といいます。

特に若い人の間で多く使われる「ら抜き言葉」は、年長者からするとぞんざいで幼稚な印象をぬぐえません。

「○円から〜」の「から」は不要

会計時によく聞く「○円からお預かりします」などというフレーズも、不要な「から」が入った間違い敬語です。**「〜から」をつけても丁寧な言い方にはなりません。「○円お預かりします」が正**解です。

ビジネスシーンで若者言葉は使わない

「超」「やばい」などの若者言葉は、友達同士で使う分にはかまいませんが、ビジネスシーンにはふさわしくありません。

うっかり出てしまわないよう、日ごろから社会人にふさわしい言葉遣いを心がけることが大切です。

目上の人に「了解です」は失礼

「わかりました」「了解です」は、ビジネスシーンでは**「かしこまりました」**もしくは**「承知しました」と言い換えると好印象です。**

友達や家族との会話ではあまり使わないビジネスシーン特有の敬語は、慣れていないと、とっさに出てきません。だからこそ、きちんと使えれば好感度は上がります。しっかり覚えて使いこなし、美しく話しましょう。

☆相手に恥をかかせない指摘のしかたで部下の間違い敬語を正す

部下などの間違い敬語を指摘する時は「私も最近知ったんだけど……」という言葉を添えると、相手の恥ずかしさを軽減できます。恥をかかせない気遣いも大切なマナーです。

SCENE 1

ビジネス　一般

会話のマナー

ビジネスシーンでの会話は「短く」「わかりやすく」「結論から」伝える

ビジネス会話の基本は5W3H

5W3Hとは、相手に正確に物事を伝える際に有効な8つの確認事項のこと。具体的には以下の8つの項目をいいます。

「いつ（When）」→**日時、期限**
「どこで（Where）」→**場所**
「だれが（Who）」→**担当**
「何を（What）」→**目的**
「なぜ（Why）」→**理由**
「どのように（How）」→**方法**
「いくつ（How many）」→**数量**
「いくらで（How much）」→**予算、費用**

この5W3Hはビジネス会話の基本です。電話を受ける時・掛ける時、指示を受ける時・出す時、報告をする時・される時、ビジネスシーンでのあらゆる会話は5W3Hを意識して構成すると伝えるべき内容がまとまり、スムーズに仕事が進みます。

あいまいな言葉は誤解を生む

ビジネス会話は誤解のないよう話を伝える

のが前提です。そのため「一応」「私的には〜」「たぶん」「〜みたいな」など、相手の理解を妨げるあいまいな表現は避けます。

一文は短めに。長い話は結論から

文章でも、口頭でも、一文を短くすると話は格段にわかりやすくなります。

丁寧な説明も大切ですが、場合によっては簡潔な一言の説明のほうが理解のスピードは速まります。

また、筋道立てて話すことはもちろん重要ですが、込み入った話や長い説明が必要な話は、**結論から先に伝える**こともビジネスシーンにおける重要なマナーです。

結論を先に伝えれば話の展開があらかじめ予想できますし、さらに結論に至った理由や経緯をつけ加えることによって、相手もスムーズに理解することができます。

論点が多い時は数を示して予告する

「問題点は3つあります〜」などと、最初に数を示す方法もあります。このように話すことで、聞く相手は論点を整理しやすくなるため話がスムーズに伝わるだけでなく、注意喚起になります。

☆話すスピードを調整。重要箇所はゆっくり、前後に「間」を入れると◎

話すスピードに緩急をつけることは有効な方法です。事務的な話は手早く、重要な箇所ではゆっくり。前後に適度な「間」を入れると、相手の注意をひきつけることができます。

SCENE 1
ビジネス
一般
会話のマナー

否定語を肯定語に言い換えられるのが感じの良い大人

★★★

相手を動かすのは、「肯定的」なビジネス敬語

たとえわからないことやできないことがあっても、ビジネスシーンでは「わかりません」「できません」という言葉は使いません。

わからないことやできないことは**「わかりかねます」「いたしかねます」などと肯定語に言い換えます。**そのほかの否定語も肯定語に言い換えて対応します。

「○○さんいらっしゃいますか」と電話が掛かってきた時は、名指し人がいなくても「いません」ではなく**「ただいま席を外しております」**と答えます。注文された商品の在庫がない場合は、「ありません」ではなく**「切らしております」**と伝えます。

★★★

依頼の前にはクッション言葉「差し支えなければ」を添える

相手に何か頼む時、単刀直入にお願いするのではややぶしつけな印象です。

お願いの前に**「差し支えなければ」**の一言を添えれば、ストレートにお願いされるよりも謙虚な印象になり、相手も依頼にこたえや

すくなります。

★★★
万能フレーズ「恐れ入ります」

ビジネスシーンでよく使われる「恐れ入ります」は幅広いシーンで応用がきく万能フレーズです。ほめられた際の謙遜《けんそん》の言葉としてのみならず、相手へのお願いの前に添えるクッション言葉としても使えます。

ビジネスシーンには不向きな「すみません」の代わりに使えるのが**「恐れ入ります」**という言葉です。

★★★
相手を不快にさせずに仕事を「催促」するには？

締切日を過ぎても相手から何の音沙汰もない時は仕事を頼んだこちらも不安になります。かといって「早く提出してください」とストレートに言っては角が立ちますので、仕事の催促は注意が必要です。

こんな時は、**「進捗《しんちょく》はいかがでしょうか」**というフレーズを使います。

「どこまで進んでますか」という意味の言葉ですが、やんわりと**「お仕事は終わりそうですか？」**という意味が含まれています。

催促のフレーズはやんわりとした言葉を使うと好印象です。

★★★
「確認させていただいても……」でミスに気づいてもらう

相手のミスや勘違いを発見した時、たとえそれが事実でも「そこ間違ってますよ」などとストレートに指摘するのはやや尊大な印象です。特に相手が目上の人の場合、プライドを傷つけない配慮が必要です。

この場合**「確認させていただいてよろしいですか」**と確認のための質問という形を取りつつ、相手が自分でミスに気づくようにするのがスマートなやり方です。

★★★ 断りの言葉を優しい印象にする「あいにく」

相手の依頼を断らなければいけない場合、**「あいにく」**という言葉を断りの言葉の前に入れましょう。

「あいにく、その日は予定がございまして……」などの言い方なら、断らなければいけないことを申し訳なく思っている気持ちが伝わり、冷たく響きがちな断り文句も優しい印象に変化します。

★★★ やめてほしい時は「ご遠慮いただけますか」

人に注意をする時は、相手に恥をかかせない配慮が必要です。

たとえば、飲食禁止スペースで飲食をしているお客様を見かけた時、「飲食はやめてください」とストレートに注意したのではやはり角が立ちます。注意されたほうは、自分が悪かったと頭では納得していても、注意された恥ずかしさも相まって、相手の言い方にムッとしてしまうのが心情です。

こんな時は、**「飲食はご遠慮いただけますか」**と言います。丁寧な言い方は、それだけで尊重されたような印象を与え、相手を素直にさせる効果があります。

人に注意する時こそ言い方に気をつけるのが、大人のマナーです。

★★★
口からスッと出るようにしたい「おかげさまで」

「おかげさまで」は、本来は相手から恩恵を受けたお礼の意味を含めて使う言葉です。しかし、たとえ一人で成し遂げた仕事でも、ほめられれば**「ありがとう」に続けて「おかげさまで」と言い添えるのが大人**です。

「おかげさまで」は謙遜の意味だけでなく、相手への敬意も含まれた言葉です。


「おかげさまで」の前後の余白には日ごろからの相手への感謝の気持ちが自然に含まれるのです。

★★★
「恐縮です」は言いにくいことに添えて

たとえば、上司に書類を確認してほしい場合、「確認お願いします」でも差し支えありませんが、**「お忙しいところ恐縮ですが」の一言を添える**とより謙虚な印象になります。

そのほか、ほめられた時も**「恐縮です」**と答え、仕事を断る時も、「大変恐縮ですが……」と一言添えると好印象です。

☆ただの批判は×。否定意見は代替案と一緒に提示します
否定意見を言う時は、必ず相手が納得する理由と代替案《だいたい》を提示します。理由も代替案もない否定意見はただの批判です。ビジネスシーンでただの批判をするのはマナー違反です。

SCENE 1

ビジネス 一般

会話のマナー

「おっしゃるとおりです」「確かに」……。「共感あいづち」で愛される人になる

★★★ 上手なあいづちが相手の話を引き出す

聞き上手な人は例外なくあいづちが秀逸です。あいづちは相手の話を聞いていることを伝えるのに最も有効な手段です。

ほどよいあいづちが打てれば、相手も気持ち良く話すことができ、会話が弾みます。テンポの良いあいづちは、相手の言葉や本当の気持ちを引き出してくれるのです。

ただし、**あいづちもワンパターンになると、効果は半減**します。

言葉、視線、ジェスチャーを上手に取り入れ、バリエーション豊かなあいづちを心がけましょう。

★★★ うなずく、のけぞる……。ほどよいジェスチャーを取り入れて

納得して「うなずく」、驚いて「のけぞる」など、ほどよいジェスチャーは抜群の効果を発揮します。

「うなずく」しぐさひとつでも、ゆっくり深くうなずく場合と、速く小刻みにうなずく場合とでは、それぞれ相手に与える印象が異な

ります。感心した時は深くうなずく、共感を示したい時は速くうなずくなど、場面に応じて使い分けます。

相手の気分を底上げする「共感あいづち」が好意を育てる

聞き上手な人の多くは**「共感あいづち」**を上手に使います。

「共感あいづち」とは、相手に共感を示すあいづちのこと。**「そうですね」「確かに」「おっしゃるとおりです」**など相手の話に共感した時に使います。

共感を示すことで、相手は自《おの》ずと好意を持ってくれます。

聞く側の時こそ意識的にアイコンタクトを

話す時はもちろんですが、聞く側の時にも**アイコンタクト**は有効です。

アイコンタクトも、真剣な話の時には真剣なまなざし、くだけた話の時にはリラックスしたまなざしを使い分けます。

アイコンタクトだけでも、ジェスチャーやあいづち並み、時にはそれ以上の**「あなたの話を真剣に聞いています」というアピール**が可能です。

☆**共感できない内容でも「オウム返し」で聞いていることを伝える**

会社の愚痴など、むやみに同調できない内容の話を持ち掛けられた時には「オウム返し」をします。同調・共感できない話でも、きちんと聞いていると伝えることが大切です。

SCENE 1

ビジネス

一般

会話のマナー

「気持ちの良いあいさつ」が「感じの良い人」への第一歩

自分からはっきりとあいさつする

会社内では、相手が誰であろうとこちらからあいさつするのが原則です。特に目上の人へは、率先して声を掛けます。

あいさつは、はきはきと、元気よく、心をこめて、笑顔でします。聞こえるか聞こえないかという小さな声でのあいさつや、無表情では、せっかくのあいさつも台無しです。

あいさつ＋一言で親しみを演出

単に「おはようございます」とだけ言うよりも、「○○さん、おはようございます」と**相手の名前も口に出す**ほうが好印象です。昨日の「○○さん、おはようございます。昨日の雨、すごかったですね」などとあいさつに一言足すと、さらに良いでしょう。**つけ足す一言は、他愛のない一言でかまいません。**たった一言添えるだけでぐっと親しさが増したように感じられるはずです。

「おはよう」は午前11時まで。それ以降は「お疲れ様」

あいさつは、午前11時までは**「おはようご**

ざいます」という言葉を使います。それ以降は社内では**「お疲れ様です」**という言葉を使います。相手がお客様の時は、「いらっしゃいませ」が万能フレーズです。

外出時は「行って参ります」、帰社時は「ただいま戻りました」と大きな声であいさつします。外出時、帰社時のあいさつをしっかりするのもビジネス上の必須マナーです。

また、社内に残っている側も「行ってらっしゃい」「お疲れ様です」などと必ず返事をします。

★★★

社内では知らない人にもあいさつをする

社内では、お客様や取引先など、どんな人も職場の関係者です。また、大きな会社ならば同僚や上司でもすべての人が顔見知りとは限りません。しかし知らない人だからとジロジロ見たり、逆にあいさつもせずに無視したりするなどということはあってはならないことです。

会社では、見覚えのない人へも必ずあいさつをし、とまどっているようなら「ご用件を伺っておりますか」などと率先して声を掛けましょう。

★★★

どんな状況でも退社時は「お先に失礼します」とひと声掛ける

帰る時、周りの人たちは皆取り込んでいて忙しそうだったため、邪魔をしてはいけないと思い黙って帰った……。これは一見すると気遣いのように見えますが、職場から「黙って」帰るのはとんでもないマナー違反です。

どんな状況でも退社時は**「お先に失礼します」**とひと声掛けます。

周りが忙しそうであれば、**「何かお手伝いすることはありませんか」**と聞いてから退社するのもマナーです。

おじぎにメリハリをつけると丁寧な印象に

おじぎはきれいな立ち姿を基本とし、背筋をまっすぐ伸ばした姿勢から入ります。

姿勢を正したあとは、両足をそろえ、上体をゆっくり傾けます。女性の場合は、この時両手を前でそろえ親指を重ねてもよいでしょう。

傾けたあとはすぐに体を起こさず、1、2秒はそのままの姿勢を維持します。その後、ゆっくりと体を起こしたら、相手の顔を見ます。

以上が正しいおじぎの流れです。

体を傾ける「動」の動作と、立つ、体を傾けたあとに止まるという「静」の動作のメリハリをはっきりさせるとより美しいおじぎになります。

場面に応じて使い分ける3つのおじぎ

おじぎには大きく分けて左図のように、3種類あります。この3種類のおじぎは場面に応じて使い分けます。
①**「会釈《えしゃく》」**は体を15度ほど傾けます。人と

すれ違う時、お茶を出す時などにする一番軽いおじぎです。

②**「敬礼」**は一般的なおじぎです。傾ける角度は30度ほどです。入退室の際やお客様の送迎の際はこの「敬礼」をします。

③**「最敬礼」**は、最も丁寧なおじぎで体を45度ほど傾けます。謝罪の際や、深い感謝を伝える際にはこの「最敬礼」をします。

いずれも頭だけでなく、腰から体を折り曲げるのがポイントです。

☆あいさつ、おじぎは必ず立ち止まってから

廊下などで上司にあいさつをする時は、必ず立ち止まってからおじぎをします。歩きながらついでのように頭を下げるのはとても失礼な行為です。

3つのおじぎパターン

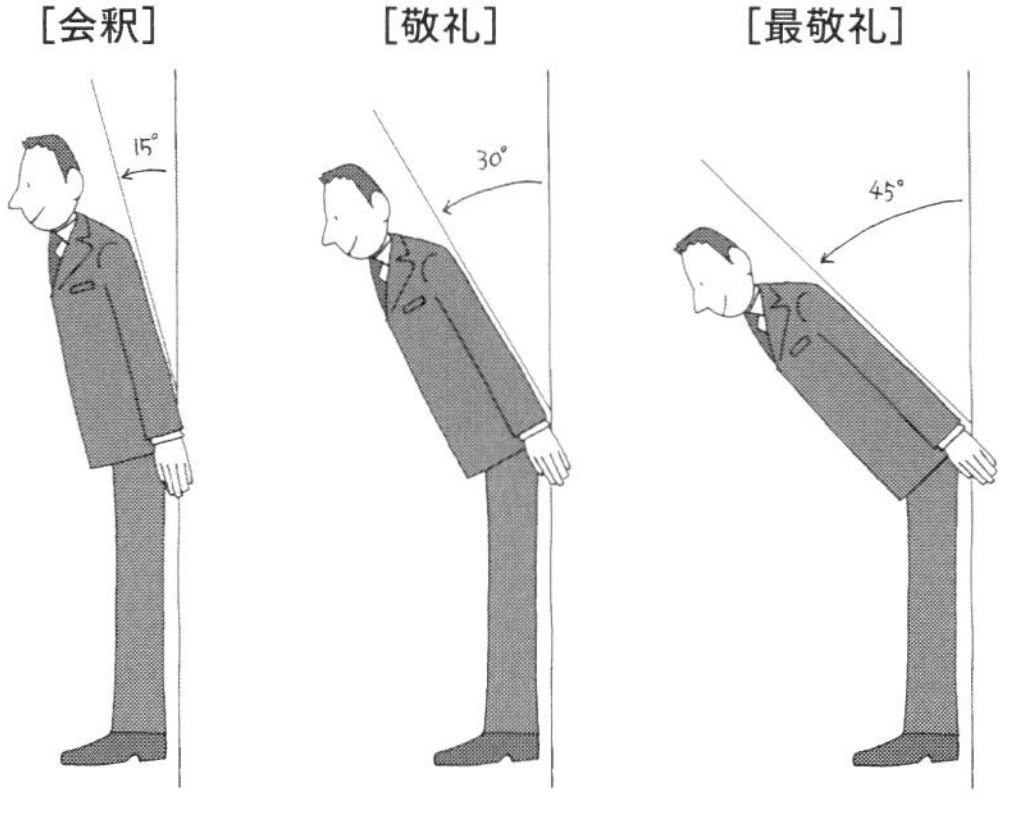

SCENE 1

ビジネス 一般

会話のマナー

初対面の人には簡単な質問を準備。失礼にならない会話のコツ

★★★

初対面の相手とは目を見て話す

「相手の目を見て話す」は会話の基本姿勢ですが、初対面の相手との会話では特にこれを意識します。**相手の目や表情から、感情の流れを見逃さない**ようにするのが初対面の印象を良くする鍵です。

★★★

YES、NOで答えられる質問を

初対面の相手との会話の糸口を探すのはなかなか難しいものです。そこで、初対面の人に会う時は、**誰でも答えられる簡単な質問**をいくつか用意しておきます。

たとえば、**「こちらへ車でいらしたのですか」**や**「今朝の○○ご覧になりましたか」**など、YESかNOで答えられる質問がよいでしょう。答えはYESでもNOでもかまいません。いくつか質問を重ねるうちに話が少しでもふくらめば、会話の突破口が開けます。

★★★

同じ質問を返してみるのも○

相手から何か質問された時は、自分が答えたあと、**相手に同じ質問を投げかける**のもよいでしょう。

たとえば「お休みの日は何をされていますか」などという質問をされた場合、質問に答えたうえで**「○○さんは何をされているのですか」**などと返します。

自分なら聞くのをちょっとためらってしまうような質問でも、相手がすでに自分に向けてしてきた質問なら、同じことを聞いても失礼にはあたりません。相手も自分が答えたくない質問はしてこないはずです。

年齢、宗教、野球の話はNG

女性に対して年齢の話がタブーなのは常識ですが、相手が男性でも初対面で年齢の話を持ち出すのは非常識です。

また、日本では一般的に「宗教」に関心が薄い人が多いので、相手が信仰している宗教に対して不用意に批判的なことを言って傷つけてしまうことがままあります。相手がどんな信仰を持っているかわからない段階では、宗教の話もしないほうが無難です。

プロ野球の話もタブーとされています。ひいきにしている球団が同じであればよいですが、違った場合、関係が微妙になりかねないためです。なにもそこまで、と思う人も多いでしょうが、熱心なファンにしてみると、そう簡単な話ではないのです。

☆初対面でも自分の話を織り交ぜると心の距離が縮まります

飼っている犬の話や家族の話、差し支えのない範囲でかまいません。会話のなかに適度に織り交ぜたプライベート情報は、初対面の相手の警戒心を解くのにとても有効です。

SCENE 1

ビジネス

一般

会話のマナー

信頼を得たいなら「ホウ・レン・ソウ」をきちんとできる人になる

★★★

「ホウ・レン・ソウ」がすべてのビジネスの基本

こまめな「ホウ・レン・ソウ」が仕事の基盤を作ります。「ホウ・レン・ソウ」とは**「報告」「連絡」「相談」**の略です。

ビジネスでは、「これくらい相談しなくても」「忙しいからあとで報告しよう」などという判断が大きな失敗につながることが多々あります。

密な「ホウ・レン・ソウ」は、ほとんどの失敗を未然に防いでくれます。

★★★

「報告」は簡潔に。良くない報告ほど早めに

仕事の進捗や取引先との交渉の結果など、上司や先輩には変化や途中経過などをその都度「報告」します。

報告は必要な資料をそろえたうえで結論から先に述べ、簡潔に済ませます。自分の意見がある場合は、報告の最後に伝えます。

また、期限内に仕事が終わりそうにない時など、**良くない報告ほど早めに**するよう心がけます。

★★★

急ぎの「連絡」は電話でもＯＫ。ただし帰社後は再報告を

予定の変更などを伝える「連絡」はこまめに入れます。急ぎの場合は電話でもかまいませんが、帰社後には改めて報告します。

★★★

「相談」では主体性を忘れない。判断を丸投げしないのがポイント

些末な問題まで相談するのは考えものですが、トラブルや難題に直面した際、どうしたらよいのか迷う場合は、勝手に判断せず必ず相談します。その際、上司や先輩に判断を丸投げするのではなく、自分なりの解決策も用意しておきます。

また、急ぎの案件でなければ必ず「○○の件でご相談させていただきたいのですが、お時間よろしいでしょうか」と上司の都合を確認してから相談します。

★★★

数分でも遅刻する時は事前連絡、出社後のお詫びが必須

会社に遅刻する場合は、たとえ数分でも必ず事前に連絡を入れ、理由と出社予定時刻を伝えます。出社後は遅刻のお詫びをします。

★★★

欠勤の連絡は「自分で」「上司に」「直接」する

欠勤の連絡はよほどの重病でない限り、**始業前に自分で直接上司に電話**するのが社会人の常識です。母親や妻に代わりに電話させたりしないのはもちろん、上司への伝言を同僚

にお願いしたり、メールで済ませたりもしません。仕事の引き継ぎがあれば、忘れずにそれも伝えます。

欠勤明けには、上司だけでなく同僚へも、休んで迷惑をかけたお詫びとカバーをしてくれたお礼を伝えましょう。

★★★ 直行直帰には上司の許可が必須

直行や直帰《ちょっき》には必ず上司の許可を得ます。急な用件ができた場合は始業時間前に上司に電話をして許可を取り、出社予定時刻を伝えます。**始業時刻からおおよそ30分以内の訪問予定がある**のが、直行にする目安です。

直帰が決まっている場合も、取引先との打ち合わせが済んだ時点で会社へ報告の電話を入れましょう。直帰の許可を事前に取っていないけれど仕事が長引いたので直帰したい場合は、上司に電話で許可を取ります。

直帰にするかどうかは**終業時刻を過ぎていること**が目安になります。

★★★ 出張中でも一日に一回は必ず上司に連絡する

出張中は、何かあればもちろんその都度連絡をしますが、何事もなく順調に仕事が進んでいても、**一日に一回は上司に電話で業務報告**をします。もちろん帰社後には、改めて出張での成果を報告します。

★★★ いざという時のために相談できる人間関係を築く

仕事は、単に自分に与えられた業務だけを

こなせばいいというものではありません。**職場での円滑な人間関係を築くのも仕事のひとつと心得ましょう。**

どんなに優秀な人でも、仕事をするうえでは一人で解決できない問題に必ず直面します。円滑な人間関係を築いておけば、困った時、迷った時にも気軽に相談できます。いつでも気軽に相談できる職場の仲間は、仕事をするうえでこれ以上ない強力な味方となってくれます。

普段から気軽に何でも相談できる関係を作るためにも、適切な「ホウ・レン・ソウ」を心がけましょう。

上司に報告義務がある事項

事項	対応
欠勤	伝言ではなく「直接」上司に理由を伝える
遅刻	理由と出社予定時刻を報告する
直行、直帰	上司の「許可」が必須
出張	1日1回は業務報告の連絡をする
外出	社外に出るには上司の「許可」が必要
打ち合わせ後	「帰社前」に上司に報告の電話をする
終業前	1日の業務報告をする

☆「相談」はまず、直属の上司から

仕事の「相談」はいつでも必ず直属の上司へします。上の上司へ直接「相談」するのは直属の上司を無能扱いしているのと同じこと。直属の上司の顔をつぶすことになります。

SCENE 1

ビジネス 一般

会話のマナー

上司の指示はまず聞き、質問は最後にする

★★★

呼ばれたら席を立つ

上司に呼ばれたらすぐに「はい」と返事をして席を立ちます。席に座ったまま顔だけ向けるような態度は失礼ですし、ものぐさな印象です。

★★★

上司の指示は必ずメモを取る

同じことを何度も聞くのを防ぐためにも上司や先輩から指示を受ける時は必ず前述の5W3Hを意識してメモを取ります。期日、数量など大切な項目は、最後にメモを復唱して確認を取ります。

★★★

途中で話を遮るのは×。質問は最後に

話の途中で質問や疑問が出てきても、上司や先輩の話を遮ることはしません。**質問や確認は最後まで話を聞いたあと**にします。

★★★

仕事が重なった時は優先順位を上司に確認

仕事の指示を受けたもののほかにも抱えている仕事がある場合、必ず上司に優先順位を

確認します。**勝手な判断で優先順位を決めるのは禁物**です。

他部署から直接仕事を頼まれた場合は、必ず直属の上司に報告をし、了承を得ます。また、仕事を断る場合は上司から断ってもらうようにします。

指示の疑問点は質問で解消

指示が矛盾していたり、指示の内容がどう考えても間違っていたりする場合は、「一点、お伺いしたいことがあるのですが……」などと**最後に質問形式で確認**を取ります。「○○すると△△になりますが、これでよろしいですか」などと確認すれば相手も矛盾や間違いに気づいてくれるはずです。

厳しい条件を示された時の上手な返し方

どう考えても期日までに終わらせるのが難しい仕事を頼まれた場合でも「できません」の一言で断るのはマナー違反です。

期日が厳しいのであれば、「申し訳ありません。○日までお時間をいただけるとありがたいのですが……」などと**改めてできる範囲を提示**し、あくまで仕事を引き受ける姿勢を示すのがマナーです。

☆仕事の終わりが見えたら次の仕事はこちらから取りに行く

頼まれた仕事が終わりに近づいたら、「○○の件、私にやらせていただけませんか」などと、次の仕事は自分から取りに行きましょう。指示待ち人間にならないことが重要です。

SCENE 1

ビジネス 一般

会話のマナー

「お願い」は具体的なほうがベター。「頼りにしてます」の一言で相手を味方に

★★★

「依頼」は相手の都合を確認してから

仕事を依頼する時は、まず最初に相手の予定を確認します。いきなり本題に入るより、都合の確認から入るほうが、相手も自分が尊重されているという印象を持ってくれるものです。

また、依頼する相手が社内の場合は、相手の了解だけでなく、直属の上司にも許可を取ります。

★★★

優先順位を明確に伝える

お願いをする際も、5W3Hを意識して話すと内容が誤解なく伝わります。その際、優先順位をはっきり伝えるとより丁寧です。

仕事の優先順位はもちろん、5W3Hのなかでの優先順位（納期が最重要事項なのか、予算が最重要事項なのか、など）もあれば伝えます。

また、外注の場合、最もトラブルに発展しやすいのがお金の問題です。相手からは聞きにくいこともありますので、ギャランティの

提示、ギャランティが支払われる条件や予定日などは最初の段階でこちらからはっきり伝えるのがマナーです。関係がまだ浅く、お互いに仕事の勝手が摑めていない相手の場合は特に、伝え洩《も》れのないよう気をつけます。

具体例でイメージを共有する

仕事を頼む時はわかりやすい説明を心がけます。一文は短く簡潔に、「〜みたいな」「雰囲気で」「〜な感じ」などのあいまいな表現は避け、**具体例を挙げて説明**します。

説明をひと通り終えたら、相手からの質問を受けます。質問を受け、それに答えるという一連のやりとりで相手の理解度もはかれますし、具体的なアドバイスも可能です。

経過チェックで完成度を高める

仕事の指示を出し終えたら、任せっぱなしにはせず、頃合いを見計らって**必ず経過を確認**します。

この時、思い違いなどがあれば修正指示を出します。

当たり前のことですが、最後まで経過を確認しないでいると、間違いや勘違いがあっても修正がききませんし、「丸投げ」の印象が否めません。

☆「あなただから」のニュアンス追加でお願い上手になれる

「○○さんのセンス頼みです」「仕事が早い○○さんを見込んで」など言葉の端々に「あなただから」というニュアンスを織り込むと、相手も気持ち良く引き受けてくれます。

SCENE 1

ビジネス

一般

会話のマナー

段取りを共有するコミュニケーションが、味方を増やすコツ

★★★

早めの声掛けで仕事をスムーズに

スケジュールは余裕を持って組むのが社会人のマナーです。

ギリギリのスケジュールでは、取引先にも、同僚にも迷惑をかけるリスクが高まりますし、相手に無理をお願いせざるを得なくなります。

予定をビッシリ詰めてしまうと突発的な事態への対応が難しくなりますから、**スケジュールにはある程度の余白を確保**しましょう。

仕事はでき得る限り前倒しで進めます。たとえ期日まで時間があっても、早めに取り掛かり、関係者にもなるべく早めに声を掛ける配慮が大切です。

★★★

短期スケジュールは優先順位をつけて周囲に相談

仕事が立て込んできた時は、やることリストを作成するとスムーズに仕事が進みます。

やることリストは、やることを書き出すだけでなく、それに優先順位を書き加えることで完成します。

優先順位は、

① **期日が迫っている仕事**
② **自分が動かなければ相手が動けない仕事**
③ **時間の掛からない仕事**
④ **自分一人でできる仕事**

の四種類に分類します。

①が最も優先順位が高く、順に優先順位が低くなり④が最も優先順位の低い仕事になります。②の仕事は特にコミュニケーションを意識しましょう。

優先順位を分類すると、仕事の見通しがつきやすくなります。あとは優先順位の高いものから周囲の協力を仰ぎつつ、仕事を進めます。期日までに仕事が終わりそうにない場合は上司に早めに相談します。

★★★

相手のいない仕事はスキマ時間を活用する

たとえ5分でも10分でも、できる仕事はたくさんあります。

上段で紹介している優先順位③の仕事や、「相手」のいない④の仕事は、そうした**スキマ時間を活用**して消化できます。5分空いた時、10分空いた時にできる仕事をそれぞれリスト化しておくと、時間を有効に活用できます。

★★★

複数の人が関わる仕事では、スケジュール確認は「お伺い」の形で

長期スケジュールは、長期の仕事のおおよその見通しをつけるために立てます。微調整

は当然あるものだと考え、あまり神経質にならないことが、長期スケジュールをたてるコツです。

長期スケジュールは案件ごとに考えます。その案件の最終目標の期日を設定すると自《おの》ずとその前にやらなければいけないこと、その時期が逆算できます。

受け持っている案件すべてを同じようにスケジュール表に落としていくと、作業日程が重複する箇所が出てきます。その都度、日程を調整し、全体を手直ししていくことで、長期スケジュールが組みあがっていきます。

さまざまな人が関わる仕事のスケジュールを組む際の注意点は、各担当者の予定を確認する際に「○日から○日のご都合はいかがでしょうか」というように、**必ずお伺いの形を取る**ことです。

長期の仕事では、期日、予算、おおよその作業日程、作業量を伝えて予定を空けておいてもらいます。

作業日程や作業量の変更は、その都度迅速《じんそく》に伝え確認を取ります。この際もやはり、お伺いの形を取るのが親切です。

また、作業途中で担当者のスケジュールに困難が生じた場合に調整するのも、全体のスケジュールを組んでいる人の仕事です。

★★★

仕事を手伝ってもらう時も、「お願い」よりも「お伺い」

同僚や後輩に仕事を頼む時は、上司の許可を取ったうえで、相手の都合を配慮しながら「申し訳ないのですが、手伝っていただけないでしょうか」と**お伺いを立てる形でお願いします。**

引き受けてもらえる場合は、相手がスムーズに仕事に取り掛かれるよう仕事の期日、やってほしいことをわかりやすく簡潔に説明し、資料をひとまとめにして渡します。

★★★
グループでの仕事はMLを活用して情報を共有

グループで進める仕事では情報の共有が重要です。そのため、ML（メーリングリスト）などを活用し報告をし合える環境を整えます。

決定事項の報告はもちろん、問題点や仕事の進行状況の共有もメーリングリストを活用すると比較的手軽に行なえます。

★★★
一人の仕事は個人の裁量の範囲を見極めて

一人で進める仕事では、多くの場合、細かなことは個人の裁量に任されています。

ただし、予算や納期など個人の裁量の範囲を超えた部分の変更や決定は必ず上司に相談し、指示を仰ぎます。一人でできると思い込まず、過不足ないコミュニケーションで味方を増やしましょう。

☆仕事の締め切りは上司の「チェック」の時間も考慮する

仕事は、自分が決定権を持つ立場でない限り、常に上司のチェックを必要とします。そのため、上司のチェック時間を考慮して締め切りの一日前には終わらせるよう心がけます。

SCENE 1

ビジネス

一般

会話のマナー

ミスした時、関係を回復するには誠意＋冷静な判断

★★★

ミスこそ早めの報告が肝心

ミスは時間を置けば置くほど事態が悪化するのが常ですから、ミスの処理は最優先事項です。たとえほかに仕事が入っていても優先させ、すぐに上司に報告し判断を仰ぎます。**上司からの信頼は、ミスそのものよりもミスの報告が遅れることで失われます。**

★★★

謝罪は「すぐに」駆けつけるのが原則。無駄足でも意味はあります

自分のミスで取引先やお客様へ迷惑をかけてしまった時は誠心誠意謝ります。謝り方にはいろいろありますが、謝罪の言葉を直接伝えるのが最も誠意ある方法です。ミスが発覚し次第、**まずは迷惑をかけた相手のもとへ駆けつけるのが原則です。**

会いたくないと言われても、相手が不在で会えなかったとしても、駆けつけることで誠意だけは伝えることができます。

★★★

相手の言い分に口を挟むのは×。聞き上手が謝り上手への近道

ミスした時はついつい言い訳をしたくなる

ものですが、言い訳は相手の怒りを増幅させてしまうだけと心得ましょう。まずはとにかく謝ります。そして立腹した相手から少々理不尽なことを言われても、口を挟まず相手の言い分は最後まで聞きます。**相手の怒りを受け止めるのも謝罪の一部**なのです。

★★★
弁明と言い訳の違いは相手の「納得」次第

謝罪で言い訳はNGですが、場合によっては弁明が必要なこともあります。弁明は言い訳と違って相手を納得させるためのものなので、ミスをした理由と、同じミスを繰り返さない**対応策の提示**が求められます。謝罪ではあらかじめ、相手を納得させられる弁明を用意しておきます。

★★★
電話謝罪では見えなくても頭を下げる

遠方など直接謝罪に伺うことができない場合、まずはすぐに電話で謝罪します。謝罪の言葉を口にする時は、たとえ相手に見えなくても実際に頭を下げて言います。

そうすることで口先だけで謝意を伝えるよりも心がこもって聞こえます。電話越しでも不思議と態度は伝わるものです。

☆直接謝罪のあとの手書きの詫び状で許してくれたことへの感謝を伝える

直接謝罪に伺って事なきを得た場合も、翌日重ねて謝罪の言葉、許してくれたことへの感謝の言葉をしたためた手書きの詫び状を送ると、より誠意が伝わります。

SCENE 1

ビジネス

一般

会話のマナー

会議と打ち合わせのマナーを押さえてコンセンサスを上手に取る

★★★

会議室は出入口の近くが下座

会議は開始5分前には席に着いておきます。

ただし、どの席に座ってもよいわけではありません。**会議にも席次があります。**

参加人数や室内の広さにもよりますが、新人の頃や初めて出席する会議では下座にあたる出入口付近に座ります。

自分の立場をわきまえることは、会議に参加する際のマナーです。

★★★

メモを取るのも大事なマナー

会議や打ち合わせに出席する以上は「ただ聞いているだけ」というのはあまりほめられた態度ではありません。

要点や自分で感じた疑問や質問、意見などはメモに書き出し、発言をする際はこのメモを参考にします。

★★★

発言は挙手で。意見は結論から

会議では、議長の進行に従います。

質問や発言は**「よろしいでしょうか」**と挙

手し、議長の許可を得てからします。意見は結論から簡潔に述べます。論点のずれた発言や、感情的な反論はマナー違反です。

　また、人が意見を述べている時は、黙って最後まで聞くのがマナーです。反論は、相手が話し終わってからします。

　相手の発言に異を説えたい時でも、頭から否定してかかるのではなく、相手の主張を理解し尊重する態度を貫きましょう。**「○○さんのお考えもわかりますが……」**などと一言はさみつつ、自分の意見を述べるほうが効果的ですし、結果として多くの賛同を得られるものです。

☆席を選べば会議の流れをコントロールできる!?
心理学の研究で、対面した相手からは反対意見が出やすく、横の人とは同意見になりやすいということが明らかになっています。会議全体の流れは席順で操作できる可能性も!?

会議の席次

※①から順に上座→下座

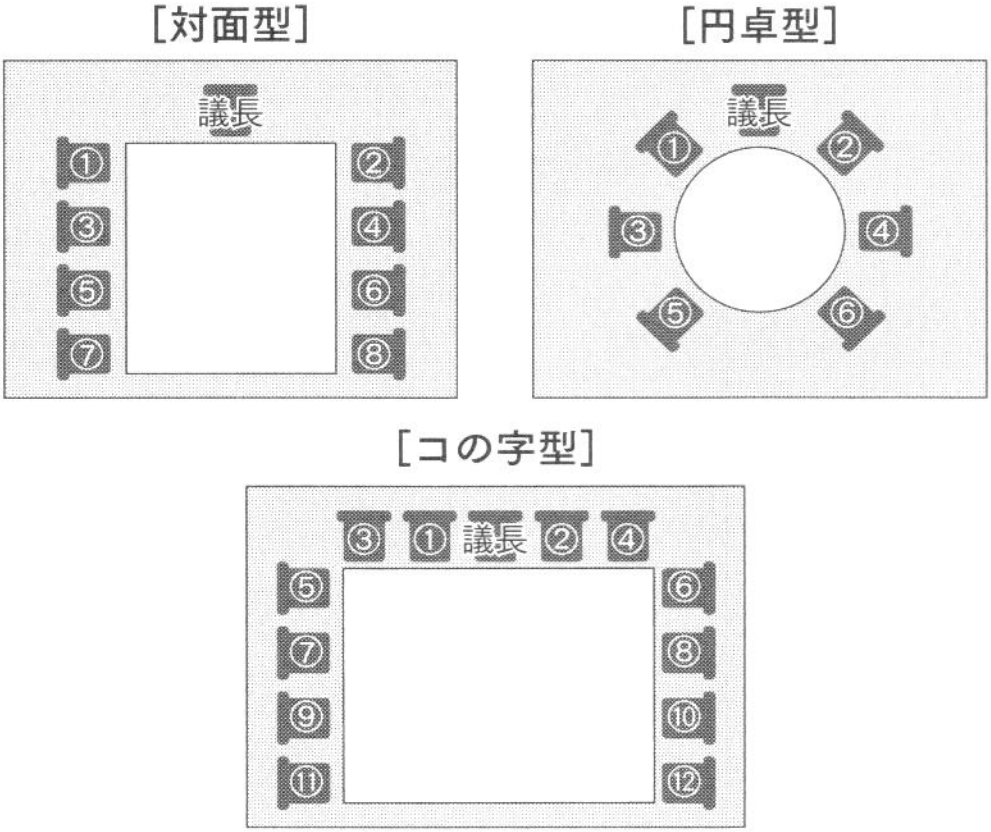

SCENE 2

お付き合いのマナー

さらりと気の利いた演出をする

SCENE 2

お付き合いのマナー

ビジネス

一般

お中元、お歳暮……。正しい贈答マナーで季節のごあいさつ

★★★

お中元、お歳暮には正しい「贈り時」がある

お中元やお歳暮は、通常、目下の人間が目上の人に贈るものです。会社の上司や取引先、親類や恩師など、お世話になっている人へ感謝の気持ちをこめて贈ります。

お中元は7月上旬から遅くとも15日までには届くよう手配しましょう。ただし、それよりひと月遅い8月に贈る地域もあるので事前に確認が必要です。

お中元を贈ったらお歳暮も必ず贈ります。どちらか一方のみにしたい場合は、お歳暮を贈ります。

お歳暮は11月下旬から遅くとも12月20日までに着くよう手配します。

★★★

押さえておきたい相場

お中元、お歳暮は、地域やお付き合いの深さによって変わってきますが、3,000〜5,000円程度のものが相場です。

贈る相手の家族構成や好みを考慮して、食品ならなるべく日持ちがして消費しやすいものを贈ります。また、**お歳暮はお中元よりも**

安くならないよう気を配ります。

喪中であっても贈れます

お中元やお歳暮は日ごろの感謝の気持ちを伝えるためのものですので、相手や自分が喪《も》中《ちゅう》の場合でも普段と変わらずやり取りをしても問題ありません。

ただし、四十九日を終えていない忌中《きちゅう》である場合は、時期をずらすか相手に相談をしてから贈ります。

お中元を贈り忘れたら「表書き」を変えればいい

お中元を贈る時期を逃してしまった場合は表書きを「お中元」ではなく、**「暑中御伺《しょちゅうおうかがい》」**（目下の人に贈る時は「暑中御見《おみ》舞《まい》」）、立秋（8月7日頃）を過ぎてしまった場合は**「残暑《ざんしょ》御伺」**（目下の人に贈る時は「残暑御見舞」）などとして贈ります。

お歳暮を贈り忘れたら「御年賀」を

お歳暮を贈り忘れてしまった場合は、年始から松の内（1月7日まで）の間に表書きを**「御年賀《おねんが》」**として贈ります。松の内も過ぎてしまった場合は立春（2月4日頃）前までに表書きを**「寒中《かんちゅう》御伺」**（目下の人に贈る時は「寒中御見舞」）として贈ります。

今回だけなら「御礼」として贈る

今年はお世話になったのでお中元を贈りたいが、毎年贈るのはちょっと大変という場合は表書きを「お中元」ではなく**「御礼《おれい》」**として贈ります。

お中元やお歳暮を一回でやめるということは基本的にしません。

★★★

3年を目途にやめてOK

一度贈り始めたお中元やお歳暮を突然やめるのは気がひけますが、お礼の気持ちを十分伝えた、すでに疎遠になってしまっているなどという場合は**3年を目途**にやめてしまってかまいません。

突然やめるのは気がひけるという場合は、これまでお世話になったお礼と今年で贈るのをやめる旨をしたためた手紙を送るとよいでしょう。相手からももらっている場合は、直接相手に、お互いに贈るのをやめませんかと提案してもよいでしょう。

★★★

お返しは原則不要

原則、お中元やお歳暮にお返しは不要です。ただし、目上の人や立場が同等の人からいただいた場合や、**いただきすぎて気がひける場合には、半分～三分の一の金額の品物**をお返しとして贈ります。

お返しはいただいてすぐに手配すると相手に気を遣わせてしまいます。かといって遅すぎるのも考えものです。早すぎず遅すぎない間隔をあけましょう。具体的には、2週間後から1か月までの間に届くよう手配するのが適当です。

★★★

お礼の電話、手紙は必要

お中元やお歳暮をいただいた場合は、**感謝**

と届いたことを知らせるために、すみやかにお礼の電話を掛けるか手紙を送ります。

夫宛てに届いたお中元の礼状を妻が代筆した場合は、夫の名前のあとに**「内」**と記します（111頁の図）。

★★★

会社関係の贈答は相手の会社のルールを尊重する

最近では虚礼《きょれい》廃止の世相を受けてお中元、お歳暮のやりとり自体を禁止している会社もあります。

自社内はともかく、取引先への贈答では相手の会社のルールを事前に確認する必要があります。先方の事情に合わせ、どんなものが喜ばれるかを考慮して贈る品物を選びましょう。

また、会社から取引先へ贈る場合は必ず上司に相談します。

★★★

取引先からの贈答品の受け取りは上司に相談する

会社に届いた贈答品は、宛名が自分の名前になっていても、勝手に開けたり、家に持ち帰ったりしてはいけません。まずは上司に報告し、受け取るかどうかを含めて判断を仰ぎます。

☆いただいた贈り物が壊れていたら贈り主には黙って配送業者に連絡する

もしもいただいた贈り物が到着時に壊れていたら、贈り主に連絡するのではなく、贈り主に黙って配送業者に連絡し、品物を交換してもらうのがスマートなやり方です。

SCENE 2

お付き合いのマナー

ビジネス

一般

出産、入学、新築、引っ越し……。聞くに聞けない「お祝い」の相場

★★★

出産祝いは生後7日以降に

出産のお祝いは生後7日以降1か月以内に贈ります。また、出産直後の産婦は何かと大変ですので、産後ひと月以内に見舞うのはごく身近な親類か友人に限られます。それ以外の人間が直接お祝いを手渡す場合は、産後ひと月以上経ってから、それもなるべく短い時間で辞去するよう気をつけます。

出産のお祝いは、**現金の場合には5,000～1万円程度、品物の場合でも多くても1万円程度**までのものにします。出産祝いでは現金よりも品物を贈ることが多いようです。

★★★

入学祝いは深い付き合いのある身内同士で贈るもの

入学祝いを贈るのは通常、祖父母や叔(伯)父・叔(伯)母など、日ごろから深い付き合いのある身内に限られます。

卒業祝いと入学祝いが重なる場合は入学祝いとして渡します。また、小学生以下のお子さんへのお祝いは父母のいる前で本人に手渡すほうがよいでしょう。

入学祝いで大切なのは贈る時期です。**入学**

祝いは入学式前に贈るのがマナーです。事前に必要なものを父母に聞いて品物を贈るケースも多いですが、現金や図書カードを贈ることもあります。

入学祝いの相場は立場に応じて

のしは紅白蝶結びの水引《みずひき》に**「入学御祝《おいわい》」「祝御入学」**などとします。現金を贈る場合の相場は以下のとおりです。

祖父母から：1万～数万円
叔(伯)父・叔(伯)母から：5,000～1万円
友人の子供へ：3,000円程度

☆新築は「御新築祝」、中古は「新居御祝」
引っ越し祝いの表書きはケースで異なります。新築物件を購入して引っ越す場合は「御新築祝」「祝御完成」「御祝」、中古物件を購入して引っ越す場合は「新居御祝」とします。

相場をふまえつつ、自分の年齢、相手の年齢によって考慮します。

新築・引っ越し祝いの相場は親族で1万円～、友人で5,000円～

新築・引っ越し祝いに品物を贈る際は、相手の希望や好みをあらかじめ聞いておきましょう。現金を贈る場合の相場は以下のとおりです。

親から：1万～10万円
その他の親族から：1万～3万円
友人から：5,000～1万円

SCENE 2

お付き合いのマナー

ビジネス

一般

お返しが「いる」お祝い・贈り物、「いらない」お祝い・贈り物

★★★

「お返し」は時間を置いて

「お返し」はすぐに贈ると事務的で冷たい印象を与えますので、時間を置きます。どのくらい時間を置くのかは、いただきものの種類によって変わります。

★★★

結婚祝いのお返しは披露宴後

結婚の場合、披露宴に出席してくれた方へは引き出物がお祝いの「お返し」となります。それ以外でお祝いをいただいた方へは、**挙式後2週間～1か月**、または、**新婚旅行後2週間～1か月以内**に表書きを**「内祝《うちいわい》」**としてお祝いのお返しを贈ります。職場などで連名のお祝いをいただいた場合は、新婚旅行のお土産を買ってきてお祝いのお返しとする場合もあります。**お返しの額の目安はいただいた金額の三分の一から半返し**が基本です。

★★★

出産祝いのお返しは産後1か月頃

出産のお祝いのお返しは産後1か月、**1か月検診が終わった頃に贈るのが一般的**です。表書きはやはり**「内祝」**で、**表書きの下には赤ちゃんの名前を書きます。**赤ちゃんの名前

の読み方が難しい場合はふり仮名もふります。お返しの額の目安は、結婚祝いのお返しと同様、**いただいた金額の三分の一から半返し**が基本です。

★★★ お見舞いのお返しは退院後

入院中にいただいたお見舞い金へのお返しは、退院後に**「快気内祝《かいき》」**として、**いただいた金額の三分の一程度の品物**を贈ります。

そのほかのいただきもののお返しは、おおむね1週間〜1か月程度あとに贈ることが多いようです。

★★★ 旅先で良いものを見つけた時も お返しの「良い」贈り時

お返しは、1か月以内などの時期にこだわらず、旅行へ行った時やおいしいものや素敵なものを見つけた時に**「○○へ旅行に行ったので当地の名物をお送りします」「おいしそうな○○が手に入ったのでぜひ○○さんに食べていただきたくて」**などと地域の名産品を贈るのも喜ばれます。親しい相手やお世話になった相手には、時期にこだわらず、良いものを見つけた時に贈るのもお勧めです。

★★★ 「お返し」は品物が基本。現金の「お返し」はNG

お祝いなどで現金を贈ることはままありますが、現金を贈るのが失礼にあたる場合もあります。それが、「お返し」です。

たとえば出産のお祝いに1万円いただいたので「半返し《はんがえ》」として5，000円現金で内祝を返した、などというのはマナー違反。**どんな場合も「お返し」は「品物」、が基本**です。

また、「お返し」でなくても、お餞別《せんべつ》や開店・開業祝い以外で**目上の人へ商品券や現金を贈るのは失礼**にあたるので注意が必要です。

★★★

お返しに「日本茶」「同じもの」は非常識です

一般的に**「お返し」にはタブーとされているのが日本茶**です。日本茶は香典《こうでん》返しなどの仏事に使われるイメージが強いため、一般的なお返しには不向きとされています。

また、**いただいたものと同じものを贈るのもマナー違反**です。

たとえば、北海道のハムのセットをいただいた相手に神戸のハムのセットを贈るなどというのは、「お宅がくれたものよりこちらのほうが上等ですよ」と言っているようなもの。悪意はなくとも相手に不快な思いをさせてしまいます。意図せずに同じ種類のものを贈ってしまったことに気づいた時はすぐにお詫びの電話を入れましょう。

★★★

「お返し」になる「招待」は◎

結婚祝いや新築祝い、開店・開業のお祝いは新居のお披露《ひろめ》目会や開店パーティーなどに**招待することが「お返し」**となります。

新居のお披露目は、家を見ていただくことが目的なので明るいうちにスタートし、軽食、お酒などの飲み物でお客様をもてなしましょう。

開店・開業パーティーなどでは記念品を配り「お返し」とすることもあります。

入学祝い、卒業祝いにはお返しはせず、お礼の言葉を

入学祝いや卒業祝いにお返しは必要ありません。ただし、**どんないただきものでもお礼は必要**です。いただいたらすぐにお礼の電話をするか手紙を送ります。

入学祝いや卒業祝いなど、子供にいただいたお祝いのお礼は子供からも直接させます。まだ字が書けなければ電話でもよいですし、小学生以上ならば手紙もよいでしょう。

例外的にお返しが不要になる場合も

災害見舞い、生後間もなく子供が亡くなってしまった場合の出産祝いのお返しは不要です。

また、病気などの「お見舞い」も、回復しないまま亡くなってしまった場合、お返しは必要ありません。

いただきっぱなしではどうしても心苦しい場合には、表書きを**「御見舞御礼」**として贈ります。

☆出産祝いで衣類をいただいた時のお返しは身につけた写真を添える

出産祝いでは赤ちゃんの衣類をいただくこともよくあります。そんな時はお礼のメールや手紙、もしくは内祝に、いただいた衣類を着せた子供の写真を添えると喜ばれます。

SCENE 2

お付き合いのマナー

ビジネス

一般

相手に気を遣わせないのが「いい」お餞別です

★★★

相場は1,000円～。お餞別は高額になりすぎないよう配慮

転勤や退職などで職場を離れる人のために送別会を開くことがあります。送別会の席では、社風や関係の深さにもよりますが、花束やお餞別などを職場全体で贈ることが多いようです。

お餞別の相場は職場全体で贈る場合、一人あたり1,000～3,000円程度、合計金額では1万～3万円程度、**個人で贈る場合は5,000～1万円程度**です。

お餞別は、**相手がもらって困るような高額にならないよう配慮**します。

定年退職の場合は、職場の人間でお金を出し合って趣味のものなどを贈ることが多いようです。適当なものが見つからない場合は商品券や旅行券、現金でもかまいません。品物でも現金でも、**水引は紅白の蝶結び**のものを選びます。

★★★

仲人には個人でお祝い・お餞別を。渡す時は職場の外で時間外に

仲人をしてくれた方の栄転、もしくは定年

退職の場合は、個人的にお祝い・お餞別を贈るとよいでしょう。ただし、お祝いを渡す際は勤務時間外に社外で渡すのがマナーです。

★★★

お餞別をもらったら転居先から特産品を贈ると好印象

お餞別にお返しは不要ですが、お餞別をいただいたら、落ち着いた頃に**近況報告を兼ねて礼状**を出します。その際、転居先、もしくは旅先などで名産品や特産品を一緒に贈るとより丁寧です。

品物にのしをつける場合は**紅白蝶結びの水引で表書きは「御礼」**とします。

★★★

「御祝」か「御餞別」か、「寸志」か「松の葉」か……

お餞別の表書きは栄転の場合は**「御祝」**でかまいませんが、定年退職や左遷の場合は**「御餞別」**とします。

お世話になった人へのお礼では**「寸志《すんし》」**の表書きがよく使われますが、目下の人間から目上の人間に現金を贈る場合には「寸志」ではなく松の葉に包むほどほんの少しという意味の**「松の葉」の表書き**にします。

「松の葉」は寸志と同じ意味合いですが、より謙虚な印象です。

☆目下の人間に松の葉の表書きを使う場合は、「まつのは」とひらがなに

「松の葉」はお餞別のほかにもちょっとした贈り物や心づけの表書きにも使われます。「松の葉」を目下の人に使う時は「まつのは」とひらがなで書きます。

SCENE 2

お付き合いのマナー

ビジネス

一般

相手に負担をかけないための「お見舞い」の作法

★★★

病気のお見舞いは長くても30分で

病気のお見舞いは、相手との関係や相手の病状を考慮する必要があります。いずれにせよ、相手の体に負担をかけないよう**10〜15分、長くても30分程度で辞去**するようにします。

★★★

大人数の訪問はNG。快方に向かった頃、小人数で

お見舞いに伺う前には、訪ねてよい状況かどうか家族か本人に必ず確認を取ります。**入院直後や手術前後は避け、病状が快方に向かってから見舞う**のがよいでしょう。

病室に大人数で押しかけるのは避け、職場の関係者のお見舞いの場合は、代表者を一人か二人決めて伺うようにするとよいでしょう。病状が重く直接会うのがはばかられる場合は、家族かナースステーションにお見舞いの品物を言付けておくのもよい方法です。

★★★

取引先の人のお見舞いは上司に相談

取引先の人が入院した場合は、会社の慣例

に従ってお見舞いに伺います。その場合も、個人で勝手に判断せず、必ず上司に報告、相談したうえで伺います。

一般的には、**入院した人と同等、もしくはそれ以上の役職者とともにお見舞いに伺う**場合が多いようです。

午後2〜3時がベストタイム

時間帯にも注意が必要です。面会時間は病院ごとに決められているので、その時間を守るのはもちろん、食事時、検査などが入る可能性が高い午前中もできれば避けます。**午後2〜3時頃が無難**とされています。

訪問前には、医療機器に影響を及ぼす恐れがある携帯電話の電源は必ず切ります。派手な服装や香水もマナー違反です。

お見舞いでの言葉掛けは慎重に。言葉を選ぶのも大事なマナー

お見舞いに行った際、相手が元気そうならばさほど気にせずに済みますが、相手が見るからにやせ細っていたり元気がない様子の場合はなんと声を掛けたらよいのか悩んでしまいます。

「そんなにやせて」などとハッキリ言うのはもちろん、「とても元気そう」などと嘘をつくのもよくありません。

そんな時は、**「落ち着かれましたか」「お加減いかがですか」**などと声を掛けます。

病状について根掘り葉掘り質問したり、大声で話したりするのは控え、病状によっては「がんばって」「早く元気にならなくちゃ」な

どの励ましの言葉もプレッシャーに感じられる場合があるため控えます。

また、家族へねぎらいの言葉を掛けるのも大切な気遣いですが、病室の外、本人がいないところで掛けるようにします。

大部屋でのお見舞いは同室の人へも気を配って

大部屋でのお見舞いでは同室の人への気遣いも必要です。部屋の入退室時には同室の人へのあいさつも軽い目礼《もくれい》でかまいませんので必ずします。

部屋のなかでは、大きな声で話さないのはもちろん、必要以上に室内や同室の人をジロジロ見るのもいけません。

また、女性の大部屋へのお見舞いでは、患者の夫や父親でない限り、男性は部屋への入室を遠慮するのもマナーです。

お見舞いで喜ばれる品、タブーな品

お見舞いの品は、花やお菓子が一般的です。

花を持参する場合は、花を生ける手間がかからない**オアシスを使ったアレンジフラワー**などがお勧めです。

「根着く（寝付く）」を連想させる鉢植えの花、「死ぬ」「苦しむ」に通じるシクラメン、散る時に首からボトリと落ちる椿《つばき》の花や葬式を連想させる菊の花は、縁起が悪いため避けます。また、ユリなどの匂いの強い花も不向きです。

また、食事に制限がかかっていることが事

前にわかっている場合にはお菓子などの食べ物類も避けたほうが無難です。
入院が長引く場合は、明るい気分になれる本や雑誌、コミックやCD、病室でテレビを見るためのプリペイドカード、レターセットなども喜ばれます。

お見舞い金を家族に送るのも「お見舞い」のひとつ

お見舞いに行きたいけれど、都合でどうしても行けない時、もしくはお見舞いに行ける病状ではない場合は、家族宛てにお見舞いの品やお見舞い金を送ります。

☆**本人が寝ている場合はナースステーションにお見舞いの品を言付ける**
お見舞いに行ったものの、相手が寝ていることはよくあります。この場合は、起きるのを待つよりも、お見舞いの品をナースステーションに言付けておくのがスマートです。

お金は、**白無地の封筒かお見舞い金用の、のしのない紅白結び切りの水引がついた祝儀袋**に包みます。
表書きは**「祈御快復」「御見舞」**、目上の人に送る場合は**「御伺」**などとします。

お見舞い金は親族で1万円、友人で5,000円が相場

お見舞い金の相場は、**親族で1万円、友人で5,000円、職場関係で3,000〜1万円程度**です。職場全体で渡す場合は合計金額が「死ぬ」「苦しむ」に通じる**四、九のついた額にならないよう調整**します。

SCENE 2

お付き合いのマナー

ビジネス

一般

おごられ上手、ごちそう上手になるには気遣いが必要

★★★

ごちそうになったら、感想を口に出して気持ちを伝える

ごちそうしてくれる相手への一番大切なマナーは、食事を楽しむことです。

相手が選んでくれたお店の雰囲気や料理、お酒を堪能し、一緒に食事ができてうれしいという気持ちを伝えましょう。

具体的には、「素敵なお店ですね」「○○ってこんなにおいしいものだったのですね」「いろいろなお話を伺えて勉強になります」などと素直に感じたままを口に出すことで

★★★

支払う意欲を少しは見せるのもごちそうになる側のマナー

たとえ「ごちそうするよ」と食事に誘われた場合でも、ごちそうになって当たり前という態度は慎むのが大人の常識です。

支払いの際は、押し問答になってしまうほど支払うことを主張する必要はありませんが、レジの前に来たら財布を出すなど、支払う意欲を見せるのもごちそうになる側のマナーです。

す。もちろん、マイナスポイントがあったとしても、ことさらにあげつらったりはしません。こうした心遣いがお互いを楽しい気分にさせてくれます。

大切なのは、お金を出してくれたことへの感謝より、**一緒に過ごす時間を作ってくれたことへの感謝の気持ち**をあらわすことです。

★★★

会計はレジから離れたところで待つ

食事をごちそうした側からすると、ごちそうした相手にはっきり金額を知られるのは気まずいものです。

ごちそうになる時は、会計をレジ横で待つことはしません。**会計はレジから少し離れたところで待つ**か、待つ場所がない場合は、ごちそうしてくれる相手に「外に出ております」と一言断ってから先に店の外に出て待っていましょう。そして、相手が出てきてから改めてお礼を伝えます。

★★★

直後、別れる間際、翌朝の計三回お礼の言葉を伝える

ごちそうになったら、直後にお礼を言うのはもちろんですが、上司や先輩にごちそうになった場合は、**別れ際、翌朝職場で顔を合わせた時にも再度お礼の言葉を伝える**とより丁寧な印象です。

翌朝お礼を言う際は、目立たないよう伝えます。大声で言ったり、ほかの社員の目につくようなタイミングで言ったりするのは、ごちそうした側も居心地が悪いものです。

★★★

社外の人には翌日お礼の電話を。次に会った時にも一言

プライベートで目上の人や取引先の相手にごちそうになった場合も、直後、別れ際、翌日の計三回、お礼の言葉を伝えます。

ただし、社外の相手とは翌朝も会社で会うということはないので、こちらから**電話を掛けて感謝の気持ちを伝えます**。

特に取引先の人には朝一番に伝えたいところではありますが、始業直後は立て込んでいる可能性があるため避け、それ以外の相手に余裕がありそうな時間帯に電話を掛けます。

さらに、次に顔を合わせた際にも、**「先日はごちそうさまでした」**と一言伝えるとよいでしょう。

★★★

ごちそうする側も、よく飲み、よく食べること

ごちそうする側にも、気をつけるべきマナーがあります。相手に食事を楽しんでもらうためには、まずは自分がよく飲み、よく食べ、食事を楽しみましょう。

こちらが安いものばかり頼んだり、お酒の量を控えたりすると相手も気にして十分に楽しめません。

★★★

会計は相手が気づかないタイミングで

ごちそうする時はできれば**相手が席を外した際などに会計**を済ませてしまいましょう。

こっそり会計をするタイミングがなかった場

合は、相手に金額を気にさせない配慮が必要です。

席での会計の場合はカードで支払うと金額が相手に知られませんし、レジで会計する場合は先に店の外に出ていてもらいましょう。

★★★

目上の人に「おごる」のも誘い方ひとつ

目上の人に「ごちそう」するのはプライドを傷つけてしまう場合もあり、相手によっては難しいこともあります。

しかし、日ごろの感謝の気持ちを伝えたい場合などは、**「たまには私にご招待させてください」**などと声を掛け、食事に誘うのもよいでしょう。

また、特定の人にごちそうになる頻度が高い場合は、間柄にもよりますが、三回に一回はごちそうする側にまわりましょう。

できればその際は、**「○○さんが連れて行ってくださるような素敵なお店でなくて申し訳ないですが△△が絶品なんです」**などと言い添えて、相手がいつも連れて行ってくれるお店よりも**ワンランク格下程度のお店を選ぶと謙虚な印象**です。

「高級店でなくても、自分なりにもてなしたい」という気持ちを伝えることが重要です。

☆ごちそうになった「お返し」を旅先から贈るのも粋

いつもごちそうになっている相手へは、日ごろの感謝の気持ちを旅先の名産品に添えて「お返し」とするのも粋な方法です。

SCENE 2

お付き合いのマナー

ビジネス

一般

どこまで会社に伝えるべき？職場での私事の報告

身内の訃報はすみやかに報告

身内の訃報《ふほう》は、報せを受けた時点ですみやかに直属の上司に報告をします。

亡くなったのが夜中である場合は翌朝一番に、日中の場合はすぐに報告し、**忌引《きび》き**の連絡をします。

忌引きで休める日数は、ほとんどの会社で規定がありますが、亡くなったのが父母の場合で一週間ほどという会社が多いようです。遠方である、喪主《もしゅ》をつとめるなどの特別な事情があれば考慮されることが多いため、日数についても上司と相談します。

仕事はできる限り支障のないよう引き継ぎをしてから休むのが理想ですが、多くの場合、十分な時間は取れないため、緊急時の連絡先を伝えておきます。

通夜や葬儀などの日程が決まっていない場合は、決まった時点で改めて連絡をします。その際、会社からの弔電や弔問なども考えられるため、葬儀場の住所、連絡先も知らせておきます。

会社からの香典に香典返しは原則不要です。ただし忌引き明けで出社した際には、弔《ちょう》問《もん》に来てくれた同僚や仕事のカバーをしてくれた上司、同僚にお礼を伝えます。

★★★
会社側にも手続きがあります。引っ越しの報告は早めに

転居は私的なことですが、税金や交通費、住宅手当、保険などの問題が関わってきます。会社の規定にもよりますが、転居が決まったら早めに直属の上司、総務に引っ越し日と新居の住所を伝え所定の手続きを取ります。また、引っ越しのために有給休暇を取る場合、その相談も一緒にします。

★★★
同棲の報告は状況に応じて。ただし報告義務がある会社も

結婚が決まっている場合の同棲は「婚約者と結婚準備のため一緒に住むことになりました」などと報告します。

同棲するために引っ越すけれど結婚はまだ先などという場合は報告が難しいかもしれません。もちろん同棲の報告に抵抗がない場合は報告したほうがよいですし、引っ越しの報告は必要ですが、抵抗がある場合は同棲の事実は無理に言わなくてもよいでしょう。

ただし、規定によっては報告義務が生じる可能性もありますので、会社の規定を確認する必要があります。

★★★
結婚の報告は直属の上司から。同僚は上司のあと

結婚が決まったら、まずは直属の上司に報告します。できればほかに人がいないタイミ

ングで**「私事《わたくしごと》でご相談があるのでお時間をいただけないでしょうか」**と切り出しましょう。

同僚へは上司への報告のあとで知らせます。

女性の場合は、結婚後も変わらず仕事をしていくつもりがあるのか、退職するつもりなのか、それとも仕事をセーブして続けていきたいのかといった希望も伝えます。相手からは聞きにくいことなので、自分から切り出すのがマナーです。

★★★ 披露宴に招待しない場合は、「親族のみで」と伝える

披露宴に招待するかどうかもこの報告の時点ではっきりと意思を伝えます。スピーチをお願いしたい場合も早めに頼みましょう。招待しない場合は**「式は親族のみで」**などと角の立たない伝え方をする配慮が必要です。

★★★ 招待は上司＋同僚が基本

職場の人を結婚式に招待する場合、遅くともひと月前には招待状を送ります。通常、直属の上司、その上の上司、近しい同僚などを招きます。

同僚だけを呼んで上司を呼ばないのではやはり印象が良くありません。**職場の人を招くのであれば、上司と同僚**が定石《じょうせき》です。

★★★ 結婚式の招待状は手渡しが好印象。封はしません

招待状は手渡しだとより丁寧な印象です。

また、主賓として出席をお願いする場合やス

ピーチをお願いする場合には、招待状はできるだけ手渡しし、その際、改めて「よろしくお願いします」などと一言添えましょう。

手渡しする時、招待状には封をしません。パタパタするのが気になるようであれば軽くシールで封をする程度にとどめ、しっかり糊づけするのは避けるのがマナーです。また、返事も手渡しされるとは限りませんので、返信用の葉書には切手を貼っておきます。

★★★

新婚旅行の日程は上司に相談。取引先へも不在期間を伝えて

新婚旅行で休暇を取りたい場合はその日程の相談も必要です。直属の上司と相談のうえ新婚旅行の日程が確定したら、取引先にも**「私事で恐縮ですが」**と結婚の報告、新婚旅行で不在になる期間を伝えておきます。

★★★

妊娠報告は直属の上司にはすぐ。同僚には安定期に入ってから

妊娠初期は身体的にも精神的にも不安定になりやすいので、妊娠がはっきりし次第、直属の上司には報告しておきましょう。

ただし、同僚など周囲の人へは、親しい相手は別として、安定期に入ってから伝えるのがよいでしょう。

☆妻の妊娠は出産予定日の3～4か月前までに直属の上司に伝えておく

配偶者の妊娠は、安定期に入ってから、予定日の3～4か月前までに直属の上司に伝えます。出産への立ち会いを希望している場合はそれも伝えておくと当日もスムーズです。

SCENE 2

お付き合いのマナー

ビジネス

一般

引っ越しのあいさつから始まる円満なご近所付き合い

★★★ 隣近所へのあいさつは引っ越しの前日までに

引っ越すことが決まったら、ご近所の方には遅くとも引っ越しの前日までにあいさつを済ませます。引っ越し当日は荷物の移動などで騒音を出すことも予想されますので、その点も引っ越しの日取りを伝える際に先にお詫びしておくとよいでしょう。

また、**特に親しいご近所の方には1，000円程度の品物を持参**してごあいさつに伺うとより丁寧です。その場合は、1週間ほど前までにはあいさつを済ませておきます。

★★★ 引っ越し先でのあいさつは搬入前に済ませるのがベター

引っ越した先の隣近所へのあいさつは、引っ越し当日、遅くとも翌日までに済ませます。できれば荷物の搬入《はんにゅう》が始まる前にあいさつに伺い、事前に引っ越しの際の騒音のお詫びも伝えましょう。

ご近所へは、500～1，000円程度のごあいさつの品を持って伺います。品物はタオルやお菓子などが一般的です。表書きは

「御《ご》挨拶《あいさつ》」「引越御挨拶」などとします。品物は想定よりも数個多めに用意しておくと安心です。

あいさつはできるだけ家族全員で伺います。夫婦なら二人そろって、子供がいる場合は子供も一緒に連れてあいさつにまわります。全員で伺えない場合は、家族構成を伝えるとお互いに安心です。

★★★

「向こう三軒両隣」が基本。町内会長や自治会長宅にも

引っ越しのあいさつは、戸建ての場合**「向こう三軒両隣」**が基本です。

「向こう三軒両隣」とは、お向かいの3軒と左右隣、つまり計5軒ということになります。裏に家がある場合は真裏のお家にもあいさつをしておいたほうがよいでしょう。

マンションでは**「上下左右と管理人」**が基本です。そのほかにも町内会や自治会などがあれば町内会長や自治会長の家にもあいさつに行くとよいでしょう。町内会や自治会のことは不動産屋か隣近所の人に聞きます。

ただし、女性の一人暮らしの場合、ご近所へのあいさつは控えたほうが無難です。女性が自ら単身者であることを知らせる必要はありません。

☆子供、ペットがいる家庭はこちらから隣近所に一言声を掛ける

子供やペットがいる場合は「ご迷惑をおかけするかもしれませんが」とこちらから先に声を掛けておきます。事前に声掛けがあるのとないのとでは相手の心証は全く違います。

SCENE 2

ビジネス

お付き合いのマナー

一般

「ちょっとした一言」と「おすそわけ」……。ご近所付き合いのマナーと常識

★★★

ゴミの収集時間、収集日は厳守

当たり前のことですが、ゴミの収集日、時間をきちんと守るのは円滑な近所付き合いに不可欠な心得です。

カラスに荒らされる心配のない環境だとしても、収集日に関係なく出したり、出し忘れるのが心配だからと前日の夜から出したりするのはマナー違反です。

また、ゴミの分別や出し方などは地域によって取り決めがある場合もあるので、わからない時は近所の人や役所に確認しましょう。

★★★

顔見知りになったらあいさつ＋一言で親近感アップ

ご近所の人や同じマンションの人へは特に笑顔でのあいさつを心がけましょう。相手に聞こえない小さな声でのあいさつや無表情なあいさつでは、相手もあいさつを返す甲斐がありません。

また、よく顔を合わせる人には、**あいさつ＋一言**があってもよいでしょう。たった一言加えるだけで親しみが増し、次の会話にもつながりやすくなります。

喜ばれる「おすそわけ」の作法

郷里から送ってきた果物や名産品、いただきものなどをご近所におすそわけとして配ることがあります。正しくは、**お盆やお皿などに載せてふきんを掛けて持って行き、ふきんを外して手渡します**。いただいた側は、お盆やお皿はきれいに洗って返します。

返す時にちょっとしたお菓子などを**「おうつり」**として入れて返すと丁寧です。「おうつり」とは福をうつすという意味で感謝の気持ちをあらわす作法です。ただし、「おうつり」がいただいたものより高価ではいけません。いただいたものより高価なものを返すのは「これ以降はいりません」という断りの意味を含む場合があるからです。

地縁は「地域の行事」で育む

地域のつながりが手っ取り早く得られるのが地域の行事です。お祭りや町内会の運動会など、年に何回かは地域の行事があります。これらの行事には積極的に参加しましょう。

自分の住んでいる町にどんな人が住んでいるのかを知るいい機会ですし、地域のつながりに思わぬ場面で助けられたりすることもあります。

☆ご近所トラブルは町内会や自治会に相談すると丸く収まる

騒音やゴミ問題などのご近所トラブルは、町内会や自治会などに相談を持ち掛けるのがベター。本人同士で直接やりとりをするよりも丸く収まることが多いようです。

SCENE 2

お付き合いのマナー　ビジネス　一般

新年のごあいさつ、お年玉は慣例に準じて常識的に

★★★

新年のあいさつは元日を避け松の内に

上司や恩師の家などに新年のあいさつに出向く場合、**1月2日から松の内**に伺います。元日は家族で祝うものなので通常避けます。時間帯も午前中や食事時を避けた午後2～3時頃が適当でしょう。

上司や恩師、仲人などのお宅に出向く場合は事前に先方の都合を伺ったうえで、訪ねる日時を伝えます。親戚同士などで儀礼的に伺う場合は特に連絡をしなくてよいこともありますが、その場合は玄関先で失礼します。

また、喪中の家へのあいさつは遠慮します。

★★★

手ぶらでもOK? 年始の手土産のマナー

お歳暮を贈っている家へは手ぶらで伺ってよいとされていますが、気がひけるならちょっとしたお菓子などを持参します。お歳暮を贈っていなければ、**「御年賀」**の表書きののしのついたお歳暮と同等程度の品物を持参します。

★★★

お年玉はいくつまで、いくら渡す?

お年玉は、お正月に子供に現金を渡す習慣ですが、何歳から何歳まであげるか、どのくらいあげるかは親族間で差があります。相場がわからなければ、親や親戚に事前に相談しましょう。最近では**大学生まではお年玉をもらう側、社会人1年目から渡す側へ**と転じる場合が多いようです。

0～5歳までの未就学児への対応も、現金を渡す、おもちゃやお菓子で代用するなどさまざまです。一般的な相場は次のとおりです。

0～5歳:1,000～3,000円
小学生:2,000～5,000円
中学生・高校生:5,000円
大学生:5,000～1万円

多額なお年玉は、子供の金銭感覚を養う意味で避けたほうがよいでしょう。

不要なトラブルを避けるためにも、お年玉は親の見ている前で渡すよう心がけます。また、自分の子供にお年玉をいただいた場合は、必ず子供から直接お礼の言葉を伝えさせるようにしましょう。

☆喪中時もお年玉のやりとりはしてもいい

喪中時のお年玉のやりとりには、賛否両論ありますが、楽しみにしている子供のためにも名目を変えてあげましょう。「お小遣い」などとしてあげれば差し支えありません。

SCENE 3

手紙、メール、電話のマナー

顔が見えないからこそ気をつけたい

SCENE 3

手紙、メール、電話のマナー

ビジネス　一般

封筒の宛名の書き方、封筒の選び方にはルールがある

★★★
封筒の宛名は基本に忠実に

封筒に書く宛名は、縦書き封筒では、右側に住所、中央に住所よりやや大きめの字で会社名、氏名を書きます。

封筒の裏には差出人の住所と氏名を中央の継ぎ目をはさんで書きます。裏面の左側上部には投かん日も記しておくと親切です。

★★★
縦書きは漢数字、横書きは算用数字

封筒が縦長の和封筒の場合は、住所を縦に書くため数字は漢数字で表記します。封筒が横長の洋封筒の場合は、住所を横書きにするので、数字は算用数字で表記します。

★★★
「○○課長」ではなく「課長○○様」

取引先の課長や部長などの役職名は敬称ですが、手紙の宛名は**「○○課長」ではなく「課長○○様」**とします。

★★★
「先生」宛ては「○○先生」が正解

送る相手が先生の場合は、「○○先生」とします。「○○様」とするのも間違いではあ

正しい宛名の書き方

表　　裏

［縦封筒］

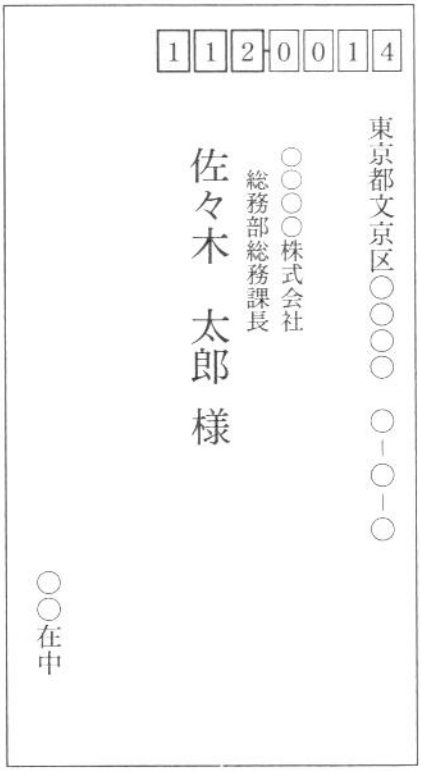

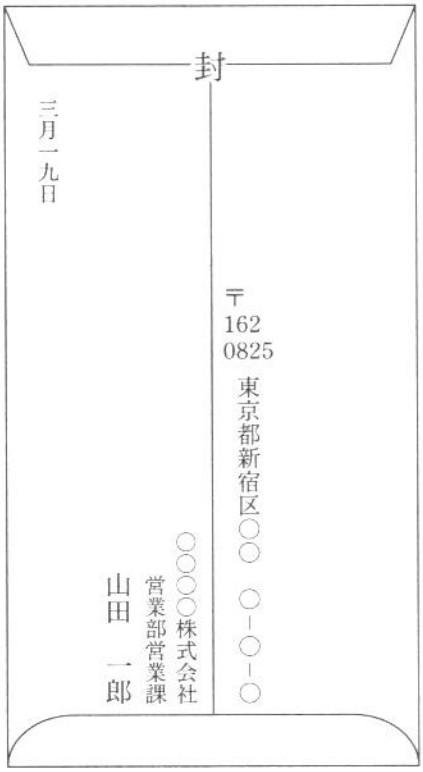

［横封筒］

表

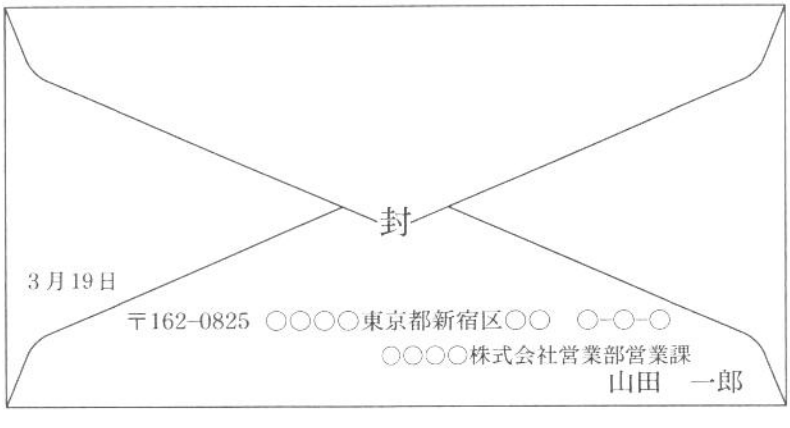

裏

りませんが、「○○先生」とするほうが丁寧な印象です。また、「○○先生様」などと**「先生」に「様」をつけるのは間違い**です。

★★★ 「様」と「殿」の使い分け

個人宛てに送る場合「○○様」のほかに「○○殿」という敬称を見受ける場合があります。「殿」は、一般的に目下の人に対して使う敬称とされています。**目上の人への敬称は「様」**となります。

★★★ 世帯主と受取人の苗字が違う時は「様方」を使う

手紙の受取人の苗字と表札の出ている世帯主の苗字が違う場合は、相手の名前の横に世帯主の苗字に様方《さまかた》をつけた**「○○様方」**と記します。

★★★ 会社や部署宛ての場合は「御中」

個人に送る場合は「○○様」ですが、会社や部署宛ての場合は、「様」ではなく**「御《おん》中《ちゅう》」**を使います。

会社名に続いて個人名を書く場合は「御中」は不要。**「株式会社○○　△△様」**とします。また、会社名は（株）などと省略せず正式名称で書くのがマナーです。

★★★ 「○○在中」は朱書きが基本

重要書類の送付など、特に注意を促したい内容物の時は**「請求書在中《ざいちゅう》」「契約書在中」**などと左下に添え書きします。添え書きは朱書きが基本です。

封をしたら「封締め」をする

のりでしっかり封をし、合わせ目には「〆」や「**封**」の字を記し封締めをします。

宛名ラベルは大量発送の時のみ利用

宛名は手書きが丁寧な印象ですが、仕事上で大量に送る場合は印刷された宛名ラベルを利用しても問題ありません。

封筒は用途に応じて使い分ける

ビジネスで書類や手紙を送る際に、最も使用頻度が高いのは社名入りの封筒です。ほとんどのビジネス文書はこの社名入り封筒での送付で問題ありません。ただし請求書の送付など事務的な書類の郵送には茶封筒を使うこともあります。

依頼状や詫び状など**改まった文書は、白無地縦長で二重になった和封筒で送る**のがマナーです。

横長の洋封筒は、主にパーティーなどの招待状の送付や転勤、昇格などのあいさつ状の送付に使われます。

封筒は、それぞれの特性を理解して、用途に合わせて使い分けましょう。

☆A4やB4の大きな封筒は封をする前にセロテープで仮留めする

大きな封筒にかさのあるものや重い荷物を入れて郵送する場合には、ガムテープで完全に封をする前にセロハンテープで簡単に仮留めをするときれいに封ができます。

SCENE 3

ビジネス 一般

手紙、メール、電話のマナー

手紙は前文、主文、末文で構成。頭語と結語も必須です

正式な手紙は縦書きが基本

親しい友人への手紙は別として、**正式な手紙は縦書き**が基本です。

また、便箋も封筒も、改まった手紙を書く際は白無地が正式です。それほど格式張る必要がない相手でもあまり派手なデザインの便箋、封筒は差し控えます。

手紙は前文、主文、末文で構成

手紙は**前文**《ぜんぶん》、**主文**《しゅぶん》、**末文**《まつぶん》の3つの要素で成立します。

前文は「**頭語**《とうご》」「**季節のあいさつ**」「**安否のあいさつ**」で構成され、「**さて**」「**ところで**」などという言葉で主文へ切り替え、用件を明示します。続く末文は、締めの一言と結語《けつご》で終わります。

また、手紙の場合は、日付・宛名は後づけとして一番最後に書きます。

頭語は状況や立場に合わせて変えると丁寧な印象

手紙の書き出しは頭語から始まります。最もよく使われる頭語は「**拝啓**《はいけい》」です。目上の

人には「謹啓《きんけい》」も丁寧な印象です。急ぎの時には「急啓《きゅうけい》」、返信の手紙には「拝復《はいふく》」なども適しています。「前略《ぜんりゃく》」もよく目にする頭語ですが、この頭語を目上の人に使うのは失礼にあたります。状況や立場に応じた頭語を選ぶのも手紙の大切なマナーです。

結語は頭語に対応したものを使う

手紙の最後に来る結語は頭語と対応したものを使います。頭語を「拝啓」とした場合は結語には「敬具《けいぐ》」か「敬白《けいはく》」、頭語が「謹啓」なら結語は「謹白《きんぱく》」か「謹言《きんげん》」、頭語が「前略」なら結語は「草々《そうそう》」とします。

☆女性らしいやわらかな印象を残したい時は結語に「かしこ」を使う

「かしこ」とは、おそれ多いという意味の雅語で、女性だけが使える結語です。結語に「かしこ」を使うと、女性らしいやわらかな印象の手紙になります。

頭語と結語の組み合わせ一覧

	頭語	結語
一般的な手紙	拝啓　啓上　拝呈 啓白　拝白	敬具　敬白　拝具 かしこ（女性のみ）
丁寧な手紙	謹啓　謹呈　謹啓 恭啓　粛啓	謹言　謹白　敬白 敬具
前文を省く手紙	前略　冠省　略啓 寸啓　草啓	草々　早々　不一
急ぎの手紙	急啓　急白 取り急ぎ	草々　早々　不一
返信の手紙	拝復　復啓　謹答 謹復　御状拝読	敬具　拝答　敬白 草々 かしこ（女性のみ）
再信する手紙	再啓　再呈	敬具　拝具　敬白 かしこ（女性のみ）

SCENE 3

手紙、メール、電話のマナー

ビジネス

一般

相手の名前は行の上のほうに。手紙では「小さなこと」にも気を配って

★★★

相手の名前が行をまたがないようにする

手紙では、**相手の名前が行をまたぐのは失礼**にあたります。また、**相手の名前は行の上のほうに、自分の名前や「私」など自分を指す言葉は行の下のほうに来るよう調整**します。

★★★

日付、自分の名前、相手の名前は最後に書く

手紙の最後に書く日付は、本文の最終行から1行あけ、本文よりも1〜2字下げて書きます。自分の名前は日付の下に、本文の行末に高さを合わせて記します。

相手の名前はそこから1行あけた上部に記します。

また、手紙でよく目にする「追伸《ついしん》」は親しい間柄の相手にのみ使える表現です。改まった手紙や目上の人への手紙では控えます。

★★★

自社は「小社」「弊社」、相手の会社は「御社」「貴社」

ビジネス上の手紙では自分側と相手側を区

別するために自分の会社は**「弊社」「小社」**、相手の会社は**「御社」「貴社」**などとします。自分のことは**「私」**、相手のことは**「貴《き》殿《でん》」「貴兄《きけい》」「先生」**などとします。そのほかにも**「ご一同様」「ご高配《こうはい》」「ご厚志《こうし》」「ご尽《じん》力《りょく》」**など文語表現の言い回しをしっかり覚えましょう。

間違えて使うと失礼にあたるだけでなく、内容を理解するのにも支障をきたすため、これらの呼称表現は正確に使います。

★★★ 季節に合った時候のあいさつを

手紙では時候のあいさつが欠かせません。ビジネス文書の場合は短い定型句でかまいませんので、次頁の表を参考に季節に合った時候のあいさつを選んで使いましょう。また、

手紙の基本文例

拝啓　萌芽の候、皆様におかれましてはますますご清祥のこととお慶び申し上げます。おかげさまで私どもも無事に暮らしております。

さて、このたびは、ネイチャーショップ開店の由、心よりお祝い申し上げます。

念願の新規店舗の開店が実現されましたのもひとえに藤本様の人望厚いお人柄となみなみならぬ努力のたまものと心より感服いたしております。

一層の発展、心よりお祈り申し上げます。

まずは略儀ながら書中にてお祝いを申し上げます。

敬具

平成二六年三月一七日

八幡謙太郎

藤本岳人様

相手を指す名詞は行の上のほうに配置。行をまたがないよう注意

頭語

時候のあいさつ

自分たちを指す言葉は行の下のほうに配置

相手の名前は行頭に。日付よりも高い位置に

結語

自分の名前は行末に

1行あける

ビジネスシーンでは、季節を問わず使える**「時下《じか》」**を使うケースも増えています。

頭語が「急啓」や「拝復」「前略」などなら時候のあいさつを省いてもかまいません。

★★★ 便箋は2枚以上になるように

短文の手紙は失礼にあたります。そのため、便箋1枚の手紙を送ることはしません。**便箋は必ず2枚以上になるよう調整**します。

どうしても2枚にならない場合は、本当はもっと書きたいという意味で1枚白紙の便箋を重ねます。

★★★ 便箋は和封筒で三つ折り、洋封筒で縦横四つ折りにする

便箋を封筒に入れる時も気配りを忘れては

あいさつの定型句例

	時候のあいさつ	季節のあいさつ文例
1月	初春の候、厳寒の候、寒風の候、大寒の候	大寒とはいえ、数日あたたかい日が続いておりますが、
2月	余寒の候、残寒の候、春寒の候、梅花の候	まだまだ寒さの厳しい日が続きますが、
3月	早春の候、陽春の候、萌芽の候、弥生の候	日ごとに春の訪れを感じるようになりましたが、
4月	晩春の候、花冷えの候、春日の候、春爛漫の候	若葉の緑が目に鮮やかな季節となりましたが、
5月	残春の候、若葉の候、新緑の候、立夏の候	風薫る新緑の季節となりましたが、
6月	梅雨の候、麦秋の候、小夏の候、長雨の候	紫陽花が花開く時期となりましたが、
7月	仲夏の候、猛暑の候、盛夏の候、酷暑の候	暑さ厳しき折、
8月	残暑の候、晩夏の候、立秋の候、向秋の候	暦の上では立秋ですが、
9月	初秋の候、秋冷の候、涼風の候、秋晴の候	爽やかな秋風が吹く季節となりましたが、
10月	爽秋の候、仲秋の候、錦秋の候、夜長の候	朝夕はめっきり涼しくなりましたが、
11月	晩秋の候、深秋の候、冷雨の候、向寒の候	落ち葉が風に舞う季節となりましたが、
12月	初冬の候、歳末の候、初雪の候、師走の候	本年も残りわずかとなりましたが、

いけません。下図のように、折り方、入れ方にも注意します。**和封筒に入れる際には三つ折り**にします。封筒に入れる時も、**封筒の開け口の部分に手紙の書き出し部分が来るよう入れる**とより丁寧です。

洋封筒に入れる時は、縦書きか横書きかで折り方を変えます。縦書きの場合は、縦に半分に折ったあと、さらに横半分にした四つ折りにし、**折り山が奥に来るように**入れます。横書きでは、横に半分に折ったあとさらに縦半分にした四つ折りにし、やはり折り山が封筒の奥、手紙の書き出しが手前側上部に来るように入れます。

便せんの折り方、封筒への入れ方

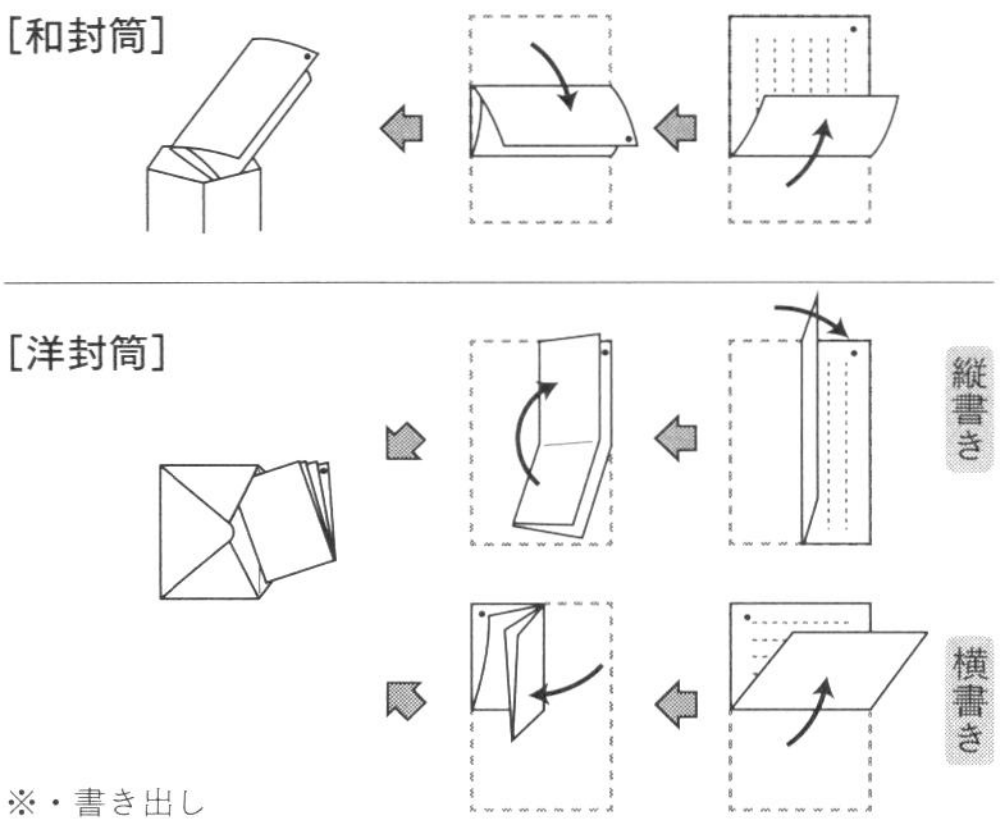

☆目上の人への手紙で「時下」を使うのは無作法な印象

ビジネス文書でよく見る「時下」という表現は、時候のあいさつを省いた簡略化した手紙に用いるものですから、目上の人への改まった手紙では使用しないのが原則です。

SCENE 3 手紙、メール、電話のマナー ビジネス 一般

社内文書・社外文書は「わかりやすさ」が最重要

ビジネス文書は5W3Hを意識

社内向けにしろ、社外向けにしろ、ビジネス文書は**5W3H**（26頁）を意識して、わかりやすい文書になるよう心がけます。

文書は、一般的にはA4サイズの横書きで、日付、宛名、担当者名、件名、主文、記書き、「以上」と続きます。

社内文書は用件を簡潔に明記

社内文書にはあいさつ文など入れず、用件のみを簡潔に明記します。

届出や日報など決まった形式があるものはそれに倣います。

箇条書きなども活用し、A4の用紙1枚に情報をまとめるのが原則です。詳しい説明が必要な場合は、1枚目に概略、2枚目以降に詳細な資料を添付します。添付した資料の枚数は2枚目に付記として記します。

社外文書には慣用表現を活用

社外向けの文書は、必ずあいさつ文を入れ、丁寧な文章になるよう気を配ります。手紙を書くのと同じように本文は、「拝啓」な

どの頭語で始まる前文、文書の趣旨をまとめた主文、「敬具」などの結語で締めた末文で構成し、具体的な内容は別記します。

また、季節のあいさつ（98頁）、**「ますますご清栄《せいえい》のこととお慶び申し上げます」「一層のご活躍をお祈り申し上げます」**などの定型表現（102頁）を盛り込みます。ビジネスシーンでよく使う慣用表現は、いくつかパターンを覚えておくとよいでしょう。

★★★

紙が最上、メール、ファックスは文書の性質に応じて使い分ける

ビジネス文書を紙で渡すか、メール、ファックスで送るかは文書の性質や相手との関係性で判断します。言うまでもなく、**ビジネスで最上位にあるのは紙文書**です。そのため、

社内文書例

文書番号１０１－０３
平成26年3月25日

社員各位

総務部　橋本一郎

社員旅行のご案内

毎年恒例の社員旅行を下記の通り行ないます。

今年は先日のアンケートで人気の高かった熱海温泉に決定しました。皆様ふるってご参加ください。

記

1．日程：5月17日（土）～5月18日（日）
2．集合：本社ロビー　午前9時（時間厳守）
3．締め切り：4月23日（水）
4．お申込み：総務部・橋本（内線２１０１）まで

添付資料：旅館パンフレット１部

以上

社内文書には通し番号がつくことも

用件は簡潔に。頭語、結語、季節のあいさつなどは省く

記書きは箇条書きでわかりやすく

添付資料がある場合は明記

社外文書例

相手の社名、氏名は左上に。社名は省略しない

日付は必ず明記

自分の社名、氏名は右上、相手の社名、氏名より低い位置に

頭語

時候のあいさつ

冒頭の定型あいさつ

締めの定型あいさつ

結語

平成26年3月25日

株式会社○○○○
営業部　藤本岳人様

株式会社△△△
営業部　八幡謙太郎

資料送付のお知らせ

拝啓　早春の候、貴社ますますご清栄のこととお慶び申し上げます。平素は格別のお引き立てを賜り、誠にありがとうございます。

さて、先日は弊社商品に関してお問い合わせいただき誠にありがとうございました。本日、追加資料として下記書類を同封いたしましたので、ご査収のほどよろしくお願い申し上げます。

まずは資料送付のお知らせにて、失礼いたします。

敬具

記

1．新商品「スーパークラウチング」仕様書
2．お見積り申込書
3．お問い合わせ先：営業部八幡まで（直通：03-○○○○-○○○○）

以上

社外文書でよく使う定型表現集

冒頭の定型あいさつ
貴社ますますご清栄のこととお慶び申し上げます。
平素は格別のご高配を賜り厚く御礼申し上げます。
皆様方におかれましてはご健勝のこととお慶び申し上げます。
締めの定型あいさつ
まずは略儀ながら、書面にてごあいさつ申し上げます。
取り急ぎ、ご報告申し上げます。
ご多忙とは存じますが、お返事を賜りますようお願い申し上げます。

口語敬語	文語敬語
お受け取りください	ご査収ください
受け取りました	拝受いたしました
ご覧ください	ご高覧ください
お読みください	ご一読いただければ幸いです
～してください	～していただければ幸甚です

契約書などの重要書類は紙文書で送付する場合がほとんどです。

急ぎの連絡にはファックスを使う場合もあります。また、最近ではペーパーレス化の一環で社内文書の回覧をメールで済ませる会社もあります。文書の形式に迷った時は、先輩や上司に確認するとトラブルを防げます。

★★★
押印をすると重要書類へ昇格

多くの場合、**ビジネス文書は押印《おういん》をすると重要文書になります**。そのため、社外文書への押印は慎重に行ないます。特に社判は、個人の勝手な判断で押印してはいけません。

☆内容がひと目でわかる文書のタイトルは「10文字前後」

文書のタイトルは内容がひと目でわかるものが理想です。「定例会のお知らせ（5月12日）」などのように、10文字前後の文字数を意識すると良いタイトルができます。

★★★
名前、数字、住所、誤字脱字のチェックは必ずする

文書作成の際には、最後に必ず見直しをします。わかりやすい文章になっているかはもちろん、**相手の名前や会社名、部署名、住所、連絡先、納期や金額などの誤字脱字を再三確認**します。

特に決まったフォーマットを使ったり、以前書いた書類のデータに上書きして作成した場合は、相手の名前などが前に使った時のままになっていないかなどを念入りにチェックします。

SCENE 3

手紙、メール、電話のマナー

ビジネス　一般

依頼状、詫び状、礼状……。改まった手紙ほど常識が問われます

★★★ 改まった依頼状、詫び状、礼状は手書きが原則

ビジネス文書は、社外文書も社内文書も基本的にはパソコンで作りますが、**特に改まった依頼状や詫び状は手書き**します。

手紙は、プライベートなものならば百パーセント手書きで問題ありませんが、ビジネスシーンでは依頼状、詫び状、礼状、いずれの場合も手書きで出すか、印刷したものを使用するかはケースバイケースです。

対応に迷った時は上司や先輩に相談すると間違いがありません。

改まった手紙は、白無地縦書きの便箋に同じく白無地の二重封筒で出すのが正式です。

★★★ 依頼状は依頼内容を明確に伝えるのがポイント

「依頼」は直接出向いて頭を下げるのが最も丁寧なやり方です。遠方である、相手が多忙で会うことができないなどの事情がある場合に依頼状を出す、と考えれば、おのずと手紙の表現は丁重になるでしょう。

会ったことのない相手に講演の依頼や原稿

執筆のお願いなど改まった依頼をする場合は、依頼状も手書きし、封書で送ります。

依頼状で最も大切なのは、依頼内容を明確に伝えることです。**「いつ」「何を」「どうしてほしい」**のかを誤解がないよう伝えます。

初めて出す依頼状では、なぜ相手にお願いしたいかや、依頼するに至った経緯を書くと相手も検討しやすくなります。その際、本文の内容は熱意を伝えつつも、一方的にならないよう配慮します。依頼状では謙虚で丁寧な姿勢が大切です。

★★★

詫び状は特に「丁寧」な言い回しを

お詫びの手紙は、できればその日のうちに、遅くとも三日以内に相手に届くよう手配します。

依頼状例文〈横書き〉

平成26年3月27日

大澤博先生 ― 依頼相手

株式会社△△△
販売部　鈴木晶子 ― 依頼者

講演のお願い

拝啓　早春の候、大澤博先生におかれましてはますますご清栄のこととお慶び申し上げます。

さて、このたび、弊社では社員教育の一環として社内講演会を開催することとなりました。つきましては、○○の分野でご活躍の大澤博先生に下記テーマでご講演賜りたくお願い申し上げます。

ご多忙のことと存じますが、何卒ご承諾いただきたくご配意のほどお願い申し上げます。

敬具

記

1．日時：平成26年5月10日　午後5時～6時
2．テーマ：クレーム処理技術の向上
3．謝礼：○○○○○円

― 依頼内容詳細

以上

そもそも、お詫びの手紙は相手の怒りを和らげるために出すものです。丁寧な表現で心をこめて書くことはもちろんですが、平謝りするだけではあまり意味がありません。

相手の怒りを和らげるポイントは、**①こちら側の過ちを認めて素直に謝罪すること　②過ちの原因を明記すること　③二度と同じ過ちを繰り返さないための対策を示すこと**の3点です。

縦書き、封書、手書きのものを送るのが正式ですが、場合によってはパソコンで作成した横書きのものを使用します。

★★★

お礼状はこまめに、感謝の気持ちをこめて

お礼状の場合は、形式にこだわるよりも、

詫び状例文〈横書き〉

平成26年3月27日

大澤博様

株式会社△△△
販売部　鈴木晶子

商品誤発送のお詫び

謹啓　早春の候、大澤博様におかれましてはますますご清栄のこととお慶び申し上げます。

さて、このたびは誤った商品をお送りし、誠に申し訳ございませんでした。（謝罪の言葉）

発送係のミスにより商品を間違って梱包してしまった次第です。（過ちの原因）

今後は再発防止に努め、二重のチェック体制を強化してまいる所存でございます。（対策）

甚だ略儀ではございますが、取り急ぎ書面にてお詫び申し上げます。

敬具

お礼の気持ちを素直に伝えるのが相手に響くお礼状を書く秘訣です。

出張先でお世話になった取引先や、仕事を引き受けてくれた外注先や、また、お中元をいただいた際など、社会人は年を重ねるほどにお礼状を書くシーンが増えていきます。簡単なものでかまいませんので、お礼状はこまめに出すと好印象です。

正式なお礼状は、縦書き、封書、手書きで送ります。そこまで改まる必要がない場合は気軽に書ける葉書でもかまいませんが、葉書よりは封書のほうが格上だということは覚えておきましょう。

お礼状例文〈縦書き〉

拝啓　盛夏の候、皆様におかれましては益々ご清栄のこととお慶び申し上げます。

さて、このたびは、弊社が開催いたしました講演会におきましてご指導賜り誠にありがとうございました。

おかげさまで好評のうちに閉会することができました。ご多忙中、お力添え賜りましたことを深く感謝いたします。

まずは略儀ながら書中をもって御礼申し上げます。今後ともよろしくご指導のほど、お願い申し上げます。

敬具

平成二五年七月二八日

株式会社○○　鈴木治

株式会社△△

代表取締役　山田一郎様

☆弔事では二重封筒がタブー。便箋も1枚におさめます

手紙は二重封筒が正式ですが、弔事で二重封筒は「不幸が重なる」を連想させるとしてタブーとされています。同じ理由で便箋も1枚におさまるよう配慮します。

SCENE 3

手紙、メール、電話のマナー

ビジネス

一般

往復葉書の正しい返信マナーは？敬称はどこまで取る？

★★★

往復葉書は緑が返信用、水色が往信用

往復葉書は**緑の切手側が返信用**、**水色の切手側が往信用**になっています。往復葉書を返信する際には、左右を切り取り、緑の切手側を投かんします。

★★★

自分の住所・氏名についた敬称はすべて取る

結婚式の招待状の返信やレセプションの案内などの往復葉書の返信は、こちらの名前や住所などについた**敬称をすべて二重線で消します**。

「**御**出席」「**御**欠席」「**御**住所」の「御」、「**御**《ご》**芳**名《ほうめい》」の「御芳」が、それぞれ敬称にあたります。

★★★

「御出席」「御欠席」の横には「させていただきます」を添えると◎

「御出席」か「御欠席」は「御」を二重線で消したうえで、該当するほうに○をつけ、さらに横に**「いたします」**や**「させていただきます」**とやや小さめに書き添えます。

該当しないほうは縦二重線で消します。

結婚式の招待状の返信には、あいているスペースに**祝福の言葉を書き加えると好印象**です。欠席の場合は、**事情をぼかして欠席することへの謝罪を一言**書き加えます。

★★★ 宛名の「行」は「御中」か「様」に

往復葉書の返信先の宛名はたいてい「○○行」となっています。この**「行」は二重線で消し、左横に「様」と書き添えます。**

宛名が会社名になっている場合もやはり**「行」を二重線で消し**たうえで、こちらは「様」ではなく**「御中」**と書き添えます。

☆結婚式の招待状の返信は敬語を「寿」で消すとスマート

結婚式の招待状の返信では、「御」などの敬語を「寿」の字で消すのも良い方法です。返信ハガキが華やかな印象になり、よりお祝いの気持ちが伝わります。

返信葉書の書き方

[欠席の場合]

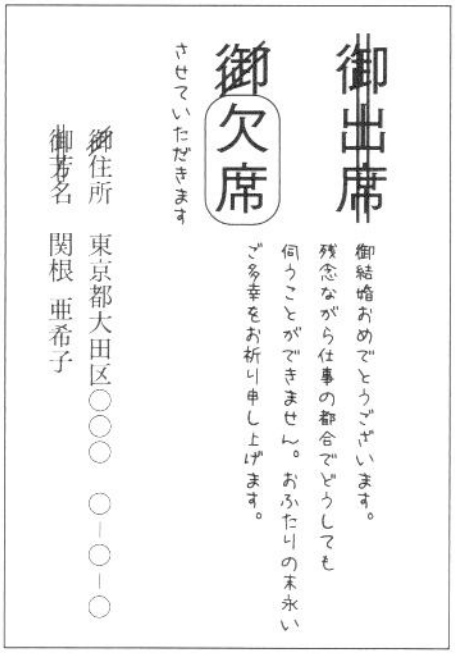

[出席の場合]

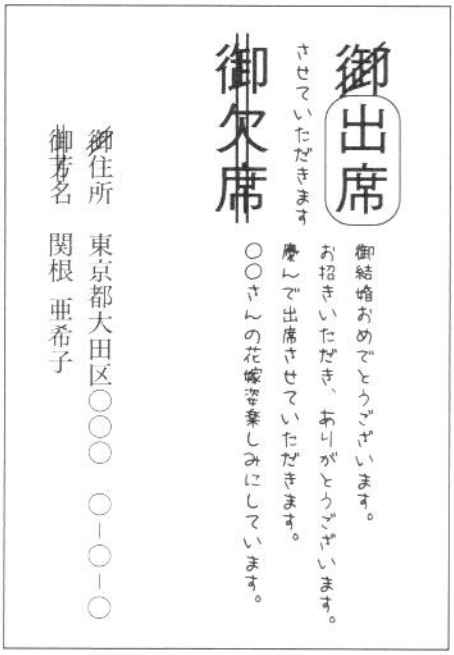

SCENE 3

手紙、メール、電話のマナー

ビジネス

一般

礼状、年賀状、喪中欠礼などの葉書を出す時期にもルールがあります

★★★

葉書は基本的に略式のツール

基本的に、封書が正式、葉書は略式のツールです。目上の人への手紙や改まった手紙には封書を用いますが、季節のあいさつや簡単なお礼状の送付には葉書が適しています。

葉書は封書と違い文字を書くスペースが限られているため、時候のあいさつは必要ありません。用件だけを簡潔に書きます。

★★★

礼状は2日以内に出す

お中元やお歳暮などいただきものへの礼状は、いただいたその日のうちか遅くとも2日以内に出します。親しい相手には手軽に書ける葉書で送るとよいでしょう。その場合、堅苦しい時候のあいさつは不要ですが、季節のあいさつは冒頭に入れると好印象です。

本文は、①**季節のあいさつ** ②**日ごろのお礼や近況報告** ③**いただきもののお礼** ④**相手の健康を祈る一文**で構成します。大切なのは感謝の気持ちをこめることです。

★★★

喪中欠礼の葉書は12月上旬までに

喪中で年賀状が出せない場合は、相手が年

賀状を用意する前の**12月上旬までに喪中欠礼《もちゅうけつれい》の葉書を出します。**

喪中欠礼の葉書を受け取った側は、その相手への年賀状の送付は控えますが、間違って送ってしまった場合はお詫びの連絡を入れましょう。

★★★

年賀状は1月7日まで。1月8日以降は「寒中見舞」に

年賀状は松の内に出すものです。そのため、相手に届くのが1月8日以降になる場合は、年賀状ではなく**「寒中見舞」**として出します。

☆**「暑中見舞」は8月7日まで、8月7日以降は「残暑見舞」**

暑中見舞は7月から立秋（8月7日頃）までに届くように出します。立秋後は名目を「残暑見舞」として出します。残暑見舞も8月中に相手に届くよう送るのがマナーです。

お礼状例文〈葉書編〉

厳しい暑さが続いておりますがお変わりないでしょうか。

さて、このたびは立派なメロンをお贈りくださいまして、ありがとうございます。いつもながらのお心づくしに感謝申し上げます。さっそくいただきましたところ、たいへん甘く、みずみずしく、息子たちも大喜びでした。

暑さ厳しき折、くれぐれもご自愛くださいませ。まずは取り急ぎ御礼申し上げます。

平成二六年八月一七日

鈴木一郎

内

葉書では頭語、結語は省略してOK

夫あての贈り物のお礼状を妻が代筆する場合は、夫の名前の横にやや小さめに「内」の字を添える

SCENE 3

手紙、メール、電話のマナー

ビジネス

一般

相手の手間を最小限に抑えるのが「良いビジネスメール」の基本

★★★

「件名」は〝具体的〟に

毎日数十通、立場によっては数百通のメールを受け取る人もいるでしょう。そんな人にメールを送る際は、選別の手間を少しでも減らせるよう、件名を具体的に書きます。

たとえば「報告」「お知らせ」という件名よりも、**「二四期決算報告」「九月の定例会のお知らせ」**などと具体的な内容を含ませると開封前にメールのおおよその用件がわかります。また、重要な内容や緊急の用件が含まれている場合は、件名に**【緊急】【重要】**などの文言を入れて注意を促します。

★★★

相手の会社名・部署名・個人名を勝手に省略しては失礼

メールの冒頭には、宛先を入れます。この時、**相手の会社名はもちろん、部署名も正式名称**を使います。

「株式会社」を勝手に（株）と表記したり、長い会社名を勝手に省略したりしてはいけません。また、名前も苗字しか知らない場合はやむをえませんが、基本的にはフルネームで記すのがマナーです。

メールでよく使う書き出し・締めの言葉例

[書き出し]

いつもお世話になっております。
ご無沙汰しております。
先日はお世話になりました。
先ほどはお電話にて失礼いたしました。
突然のメールで失礼いたします。
貴社ますますご清栄のこととお慶び申し上げます。
本日はご足労いただきありがとうございました。
このたびはご迷惑をおかけしまして誠に申し訳ございません。

[締めの言葉]

お手数ですが、よろしくお願いいたします。
ご協力のほどよろしくお願いいたします。
よろしくご検討くださいませ。
略儀ながら、まずはお礼かたがたメールいたしました。
取り急ぎメールにてご通知申し上げます。
ご連絡お待ち申し上げております。
取り急ぎ用件のみにて失礼いたします。
今後とも一層のお引き立てのほど、お願い申し上げます。

★★★

メールでは「拝啓」などの頭語、結語は省略してOK

メールでは、手紙と違い、「拝啓」「敬具」などの頭語と結語は用いません。

用件は簡潔に記します。また、手紙と違い、メールでは一文が長いと読みにくくなるため、**一文は2行以内**に収まるよう心がけます。

★★★

改行を利用して読みやすくなる工夫を

メールは、文字が詰まっていると読みにくいものです。こまめに改行し、読みやすい文章になるよう気を配りましょう。また、話の変わり目には空白行を設けるとより読みやすくなります。

★★★

書き出し、締めの言葉は慣用表現を活用するとスムーズに

本文の**「お世話になっております」「先ほどはお電話にて失礼いたしました」**などの書き出しや、**「略儀《りゃくぎ》ながら、まずはお礼かたがたメールいたしました」**などの締めの言葉は慣用表現を活用すると悩まずに済みます。

前頁の慣用表現はいずれもビジネスシーンでは頻出する言葉なので、覚えておくとよいでしょう。

★★★

緊急の用件をメールで済ませていませんか?

メールは相手の都合を気にせずに送れるの

が良いところですが、こちらが送ってすぐに目を通してもらえるとは限りません。**緊急の用件はメールではなく電話**で伝えるのが大原則です。

電話での説明が難しい緊急の用件では、メールを使ってもかまいませんが、その場合は必ず電話でもかいつまんで事情を説明し、メールの確認を相手にお願いします。

★★★

Re：取るほうがいい？取らないほうがいい？

返信メールには件名にRe：が自動で入ります。ひと昔前までは、このRe：を消さずに返信するのはマナー違反とされていました。現在では、このRe：を取るか取らないかは場合に応じて使い分けるようになってきています。

前回来たメールとはまた別件でメールする際や、時間が空いたあとの返信では、やはりこのRe：を消します。

しかし、連続したやりとりの際は、Re：を残すほうが相手も何の用件での返信かがひと目でわかり、便利な場合もあります。そのため、Re：付きの返信のほうがわかりやすい場合は、あえてRe：を残し「Re：元の件名」のままで送ってもかまいません。

☆ビジネスメールでも季節の話題を入れると印象が良くなります

事務的になりがちなビジネスメールでも、「今日は春らしい風が気持ちいいですね」などと季節の話題を取り入れると、あたたかみが増してぐっと印象が良くなります。

SCENE 3

手紙、メール、電話のマナー

ビジネス

一般

プライベートなメールならOKでも、ビジネスメールではNGなこと

★★★

To、Cc、Bccの違いを知っていますか？

ビジネスメールでは一般的な宛先欄のToだけでなく、情報共有のためにCc欄とBcc欄も頻繁に使います。

単純に複数の宛先に送る場合はTo欄に宛名を連ねていけばよいですが、Cc欄やBcc欄は、いずれも**「（To欄の相手に）こんなメールを送りました。ご確認ください」**という意味合いで送る時に使います。

ビジネスシーンでは一般的に、Cc欄もBcc欄も上司への確認メール用に使われます。具体的には、To欄に取引先、Cc欄もしくはBcc欄に上司のアドレスを入れ、取引先へのメールを上司にも確認してもらうことが多いようです。

Cc欄とBcc欄には機能に明確な違いがありますので、使い分けが必要です。

★★★

Ccは全員にアドレスが知れる

Ccはカーボンコピーの略で、To（宛先）欄の相手と同じメールを送りたい相手のアドレスをCc欄に入れます。

ただし、**Ｃｃ欄の相手にはＴｏ欄のアドレスが、Ｔｏ欄の相手にはＣｃ欄のアドレスが知れる**ようになっています。つまり、このＣｃ欄に入れた人へは、Ｔｏ欄へ宛てたのと同じメールが届くだけでなく、このメールが誰宛てのものかがわかるようになっています。同じように、Ｔｏ欄の相手にも、同じメールがＣｃ欄の相手に送られたことがわかります。

★★★

Ｂｃｃはこっそりメールを送れる

Ｂｃｃとはブラインドカーボンコピーの略で、Ｃｃと違って、Ｔｏ欄の相手へのメールにはＢｃｃ欄のアドレスが表示されません。つまり、Ｔｏ欄の相手は、別な人へ同じメールが送られたことがわかりません。

そのため、**Ｂｃｃ欄は、Ｔｏ欄の相手にほかの受信者の存在を伏せたい場合や、Ｂｃｃ欄のアドレスをＴｏ欄の相手に知らせなくてもよい場合に使用**します。

受信者同士で**面識がない複数の人に一斉送信する場合は、Ｂｃｃ欄**を使います。

★★★

Ｃｃ、Ｂｃｃの使い分けのポイントは「Ｔｏと知り合いか否か」

Ｃｃ欄はＴｏ欄に入れる相手とＣｃ欄に入れる相手が知り合いの場合のみ使用、Ｂｃｃ欄はＴｏ欄に入れる相手とＢｃｃ欄に入れる相手が知り合いではない場合に使用するといったように、Ｃｃ欄とＢｃｃ欄の使い分けは、Ｔｏ欄の相手との関係性で決めます。

取引先へのメールを確認用に上司に送る際

は、To欄に取引先のアドレス、取引先と上司が面識がある場合はCc欄に、面識がない場合はBcc欄に直属の上司のアドレスを入れておくことが多いようです。

★★★
どんなに親しい相手でも、ビジネスメールに絵文字はNG

長い付き合いで気心の知れている相手の場合は許容されることもありますが、ビジネスメールで絵文字を使うのは基本的に御法度です。また、！や!?などの乱用も控えます。

★★★
初めてのメールの書き出しは紹介者の明示から

毎日来る数多《あまた》のメールの中で、あやしいメールは早々に削除してしまうのが世の常識です。

自分の送るメールが「迷惑メール」に分類されないよう、**初めてのメールでは冒頭で誰からの紹介で連絡しているかを明示**します。

★★★
添付ファイルの容量は5メガ程度までが目安

メールに添付するファイルは容量が大きくなりすぎないよう配慮します。大きな容量のデータは受信に時間がかかり、相手の業務に差し障る可能性がありますし、プロバイダにかかる負荷も大きくなります。

一度に送る添付ファイルは5メガまで、というのがおおよその目安です。それ以上のものを送る際は、ファイル転送サービスを利用するのがマナーです。

メーリングリストに個人的な用件で返信しない

メーリングリストに不慣れな人が最もやりがちなミスが「個人的な用件で全員に返信」でしょう。

メーリングリストは、登録者全員に一度でメールが送れる便利なシステムですが、メーリングリストで届いたメールに返信すると、自動的にメーリングリストの登録者全員に返信されることになります。オープンにすべきでない案件などをうっかり全員に送ってしまわないよう、注意が必要です。

全員で共有する必要のない個人的な返信や用件は、届いたメールを使って返信せずに、個人のアドレスを呼び出してメールをあらたに作成する必要があります。

「受け取った」という返信は必須

友人同士では「メール受け取りました」という返信は不要の場合が多いですが、ビジネスシーンでは「メール拝受いたしました」という返信は必須事項です。

ほかに伝えるべき用件がなくとも、きちんと見たということを伝えるのは社会人として最低限のマナーです。

☆ビジネスメールは結論、理由、詳細の順序で書くとわかりやすい

メールでは簡潔に内容を記すのが常識です。口頭の時と同じように結論、理由、詳細の順序で書くと格段にわかりやすい文章になります。

SCENE 3

手紙、メール、電話のマナー

ビジネス

一般

電話応対の印象を良くする感じのいい大人の口グセ

★★★

緊急の用は電話向き。重要な用、難しい話は電話に不向き

電話は緊急の用件に向いています。逆に、込み入った話や難しい話をするには不向きのツールです。

込み入った話や難しい話は、電話では概略の説明にとどめ、メールやファックスで補足説明をするとよいでしょう。

また、商談の成否や退職の相談など**重要な用件を電話で済ませるのはマナー違反**です。取り急ぎ電話で報告を入れるのはかまいませんが、帰社後に必ず直接報告をします。

★★★

第一声は明るくはきはきと

電話は、判断材料が声だけになります。そのため、声が対面以上にシビアにその人の印象を決定づけます。逆に言えば、声さえしっかりしていれば、好印象を得られる可能性はかなり高いのです。

電話では第一声から、相手が聞き取りやすいはきはきとしたさわやかな声になるよう心がけます。早口になったり、ことさらに大きな声になったりしないよう気をつけます。

★★★

省いてはいけない「恐れ入ります」「お待たせいたしました」

電話では、よく使う定型句があります。相手を待たせる時の**「少々お待ちください」**、待たせたあとの**「お待たせいたしました」**、名乗らない相手の氏名を確認する時などに使う**「恐れ入ります」**、相手の名前を聞いたあとの**「いつもお世話になっております」**、相手の要望を聞いたあとの**「承知しました」**などです。これらの定型句は端的に相手への敬意を示せる便利な表現です。

電話では、対面以上に相手の言葉遣いが気になるものです。前述の定型句はいずれも省いてはいけないフレーズばかりです。ひとつひとつは難しい言葉ではないので、とっさに出てこないようなら慣れるまで練習をするとよいでしょう。

★★★

聞き取りづらい時は「お電話が遠いようです」

相手の声が小さく電話が聞き取りにくいことがあります。こんな時も、ストレートに「聞こえません」とは言いません。**「お電話が遠いようですが」**と婉曲《えんきょく》に伝えるのがマナーです。

☆電話でも姿勢を正して話せば、電話越しでも相手に伝わります

電話をしている人の様子は、電話越しでも不思議と相手に伝わるものです。電話に出る時も対面でお客様と接する時のように姿勢を正し、しっかりとした態度で臨みましょう。

SCENE 3

手紙、メール、電話のマナー

ビジネス

一般

「マナーが良い」と一目置かれる電話の受け方、取り次ぎ方

★★★

電話は3コール以内に出る。待たせた時は一言添えて

職場の電話は3コール以内に出るのが基本です。それ以上待たせた時は、**「お待たせいたしました」**、5コール以上待たせた時は**「大変お待たせいたしました」**の一言が第一声になります。

ただし、ワンコールが終わる前に取るのでは早すぎます。ワンコール鳴り終わったあと、2コール目のうちに取るのがちょうどいいタイミングです。

★★★

定型の「名乗り」はスムーズに、端折らずに

「はい。○○会社でございます」「お電話ありがとうございます。○○社○○が承ります」などの「名乗り」は、ほとんどの会社で定型の言い方があります。

外線電話では、会社名＋部署名（氏名）、内線電話では部署名（氏名）が名乗りの基本です。定型の名乗りは会社の印象を決める大事なものですから、端折らず丁寧に、を心がけます。

★★★

不在対応では担当者に正確な情報を引き継ぐ

電話応対は、自分への電話、担当者への取り次ぎ、担当者の不在の3つのケースが考えられます。

自分への電話は問題ありませんが、担当者への取り次ぎ、担当者不在時の応対は、正確な情報を担当者へ伝える必要があります。

★★★

取り次ぎは必ず「保留」ボタンを押してから

会社名、氏名、担当者名の確認ができたら「少々お待ちください」などとひと声掛けたうえで、保留ボタンを押して取り次ぎます。すぐ近くの席だからといってそのまま取り次ぎはしません。電話を取り次ぐ際は、どんな場合も必ず一度**保留ボタンを押して相手へ取り次ぐ**のがマナーです。

担当者へは「○○さん、A社の△△さんからお電話です」などと伝え、担当者が電話に出たことを確認してから受話器を置きます。

相手から電話の用件を伺った際は、取り次ぐ前に担当者にその内容を手短に伝えると相手が二度説明する手間が省けます。

★★★

不在対応は感じよく、もれなく

不在対応には基本パターンがあります。

担当者がトイレなどに行っている場合は、**「ただいま席を外しております」**、外出中の場合は**「あいにく○○は外出しておりまして、△時頃帰社予定でございます」**、外出先から直帰を予定している場合は**「あいにく○○は外出しておりまして、本日は戻らない予定です」**、会議に入っている場合は**「○○はただいま会議中でして、△時には終わる予定です」**、お休みの場合は**「本日はお休みをいただいておりまして、△日に出社予定です」**、などと状況に応じて答えます。

いずれも、状況や戻りの時間などを伝えたうえで、折り返しの電話が必要かどうか、伝言があるかどうかなどを確認します。

電話の最後には、**「○○が承りました」**と自分の名前を名乗ります。

不在対応は感じの良さだけでなく、相手の要望に応える応用力を試されることもあります。最低でも下図のパターンをしっかり身につけましょう。

不在対応のパターン

不在理由	定型文言（すべて前に「申し訳ありません。あいにく……」を添える）	注意点
席外し	「ただいま席を外しております」	戻り時間がわかる場合は伝える
電話中	「○○はほかの電話に出ております」	電話が終わってからの折り返し連絡でかまわないか確認する
会議中	「ただいま会議中でして、○時に終了予定です」	緊急の用件であれば、先輩や上司に判断を仰ぐ
外出中	「ただいま外出してまして、○時に帰社予定となっております」	帰社後の折り返し連絡が必要か確認する
直帰予定	「○○は外出しておりまして、本日は戻らない予定です」	翌朝の折り返し連絡でかまわないか確認する
休暇中	「本日はお休みをいただいておりまして、○日に出社予定です」	出社後の折り返し連絡でかまわないか確認する
出張	「○○は出張しておりまして、○日に出社予定となっております」	出張先など詳細は話さない
遅刻	「本日立ち寄りがございまして、○時に出社予定となっております」	出社時刻は余裕を持って伝える
帰宅	「本日は失礼させていただきました」	「退社」も誤りではないが「退職」と間違われることも
退職	「○○は○月○日を以て退職いたしました」	現在の担当者につなぐかどうかを確認する

★★★

携帯電話の番号は、聞かれてもむやみに教えない

担当者が不在の際、電話の相手から担当者の携帯電話の番号を聞かれることがありますが、**携帯電話の番号は、聞かれたからといってむやみに教えてはいけません。**

急ぎの用件の場合は、**「○○に連絡を取りまして、お電話をさしあげるよう申し伝えます」**などと先方に伝え、念のため連絡先を伺って一度電話を切り、担当者本人から先方に電話をしてもらうようにします。

ただし、会社支給の携帯電話の番号は、なじみの取引先からの緊急の用件の場合など、必要に応じて教えることがあります。対応に迷ったら、上司や先輩に確認を取ると間違いがありません。

★★★

受けた電話は相手が切ってから切る

電話は掛けたほうから切るのがマナーです。そのため、電話を受けた時は、相手の用件が済んでもすぐにこちらから切ることはしません。用件が済んだタイミングで「失礼します」などとひと声掛け、相手が切るのを待ってから受話器を置きます。

☆電話の時のあいづち、返事、オウム返しは対面時よりも丁寧に

電話ではあいづち、返事は、オウム返しを交えながら対面時よりも丁寧な対応を心がけます。顔が見えない分、細かな配慮を重ねることで印象は格段に良くなります。

SCENE 3

手紙、メール、電話のマナー

ビジネス

一般

「正確に」「丁寧に」が伝言メモの残し方の基本姿勢

★★★

相手の社名、氏名は復唱して確認

電話はメモを取りながら応対するのが基本です。電話のそばにはメモ用紙を常備しておきましょう。

電話が来たら、まずは相手の会社名、氏名をメモします。メモした社名、氏名は、必ず復唱して確認します。

★★★

電話を受けた自分の名前、電話を受けた「時刻」も必ず書く

担当者がいれば取り次ぎますが、不在対応の場合は、伝言を受ける、折り返しの電話をする、電話を掛け直してもらう、の3パターンに大別されます。

相手の希望はメモと口頭の両方で担当者に伝えます。特にメモは、日付、相手の会社名、氏名だけでなく、電話があった時間、電話を受けた自分の名前も正確に記載します。

伝言メモはほとんどの会社で定型のものを用意しているので、それに沿って記していけば問題ありません。

用件を書く際は、わかりやすく箇条書きに簡潔にまとめると親切です。また、折り返し

の電話を依頼された場合は、相手の電話番号も確認し、メモに記しておきます。

★★★
同音異字に注意！漢字は勝手に変換しない

電話があったことを知らせるメモを残す時、相手の名前は漢字を確認していないのであればカタカナで記入します。

日本には同音異字の苗字がたくさんあります。字が違う同じ読みの全く異なる取引先の人が複数いることもあります。

音だけを聞いて勝手に漢字に変換して伝えるのはトラブルのもとです。

☆伝言メモには「お急ぎの様子」などと相手の様子も書き添えると親切

電話の相手が焦っている場合や、怒っている場合など、何かいつもと違った様子があれば、相手の様子も伝言メモに記しておくと親切です。

伝言メモ例

田中 さんへ
佐藤 受け
6月10日（水） 13時30分頃
○○書房 ミツハシ 様から
□電話がありました
□折り返し電話をください
□また電話します
☑用件は下記のとおりです
・納品冊数の変更希望
・250部→260部
・詳細はメールで

電話を受けた自分の名前は必ず明記

漢字を確認していなければカタカナで

込み入った内容は箇条書きで整理

SCENE 3

ビジネス　一般

手紙、メール、電話のマナー

電話は相手の事情に配慮し、簡潔に用件を伝えるのが好印象

「今、よろしいですか」の一言を

電話は、いやおうなしに相手の仕事の手を止めてしまうツールです。そのため、始業直後や終業間際、昼休み中など相手が忙しい時間はなるべく避けて掛けるのがマナーです。

また、相手につながった時も、まずは**「今お時間よろしいですか」**と相手の都合を確認するのも掛ける側の大事な作法です。

必要書類は手元に準備する

電話を掛ける際は、スムーズに話ができるよう事前にしっかり準備をします。**必要な資料は手元にそろえ**、込み入った話ならば話すべき用件をメモ用紙に書き出しておきます。

また、電話は3分ほどで簡潔に済ませるのが原則です。話が長くなりそうな場合は、その旨を伝え了承を得ます。

電話の掛け方の基本の流れ

電話をこちらから掛ける時は、まずこちらの会社名、氏名を名乗るのがマナーです。そのうえで、先方の名前を伝えます。

相手が出たらもう一度名乗り、「お世話に

なっております」とあいさつしたあと、簡潔に用件を伝えます。

相手が不在の場合は、伝言や折り返しの電話を頼みます。相手が外出中の場合は戻りの時間、会議中の場合は会議の終了時間を確認します。

★★★
掛けたほうから電話を切る

前述のとおり、電話は掛けたほうから切るのが基本です。

電話をこちらから切る時に気をつけたいのは、「静かに」切ることです。こちらから切るのがマナーだからといって、相手に「ガチャン」と受話器を置く音が聞こえるように切るのでは乱暴な印象です。

電話を切る時は、すぐに受話器を置かず、まずは**フックを手でゆっくり押して電話を切ります**。

受話器は電話が完全に切れたあとに置く癖をつけましょう。

★★★
電話が途中で切れてしまったら掛けたほうから掛け直す

電波の関係で、電話が話の途中で切れてしまうことがあります。そんな時は、**掛けたほうから掛け直すのがマナー**です。

☆飲食店への電話は「アイドルタイム」を狙って掛ける

飲食店への営業の電話などはアイドルタイムを狙って掛けます。具体的にはランチとディナーの間の時間など、お店が空いていそうな時間帯が狙い目です。

SCENE 3

手紙、メール、電話のマナー

ビジネス　一般

クレームの電話では細かな気遣いが相手の怒りを鎮めます

★★★

クレーム対応は傾聴が基本

苦情の電話を受けた時は、まずは相手に不快な思いをさせてしまったことを謝り、相手の主張を最後まで聞きます。相手の言葉を遮らず、適度なあいづちを挟みながら、要点は復唱して確認します。

相手の話にじっくり耳を傾けるのが、早期解決の近道です。話を急かしたり、適当にあしらったりするのは論外です。相手の話をきちんと聞き、できることとできないことを整理して相手に伝えます。

また、担当部署などが別にある場合は、取り次ぎますが、相手が何度も同じ説明をしなくて済むように、**取り次ぐ前にクレームの内容を担当者に簡潔に伝える**ことも忘れないようにします。

★★★

低いトーンで誠意を伝える

クレーム対応では、電話越しにこちらの誠意を伝える必要があります。声のトーンは低めに抑えると、神妙な雰囲気が増し、相手の苦情を真剣に受け止めていることを伝えられます。

★★★

反論、あいまいな返事、安易な謝罪、安請け合いはタブー

相手に非がある場合や明らかな思い違いがある場合も反論はしません。相手の主張は遮らずに最後まで聞き届けることです。

「たぶんできます」などの**あいまいな返事や安請け合いも禁物**です。また、謝罪はこちらのミスを認める行為でもあるので、お客様の主張すべてに謝罪の言葉で対応するのは危険です。事実確認する前の安易な謝罪は避け、謝罪の言葉はお客様に不便をかけたことや不快な思いをさせたことに対して使用します。

☆**否定語は気持ちを逆なでします。クレーム対応では使いません**

「わかりません」「いません」などの否定語は気持ちを逆なでします。クレーム対応では、たとえ案件とは関係のない箇所でも、否定語はなるべく使わないようにします。

★★★

対応は迅速に。お客様の時間を無駄にしない配慮が必要

クレームの電話には、お客様の時間とお金がかかっていますから、できる限り迅速な対応を心がけ、**長時間保留にしたり、部署間でたらい回しにならないよう配慮**します。保留が30秒以上になりそうな時は、相手の連絡先を聞いたうえでいったん電話を切り、こちらから折り返し電話をします。

クレームの電話は、相手は自分の私財を削ってアドバイスしてくれていると心得、丁寧に対応します。

SCENE 3

ビジネス

一般

手紙、メール、電話のマナー

携帯電話の使い方で社会人の資質が問われます

★★★

仕事の電話は会社の固定電話へ掛けるのが原則

取引先などへの電話は、名刺に会社の電話番号と一緒に携帯電話の番号が記載されている場合も、**まずは会社の固定電話に掛けるのがマナー**です。緊急の用件や、なかなか相手がつかまらない時に限って携帯電話へ掛けるようにします。

また、携帯電話は相手の状況にかかわらずかかるものですから、電話がつながったら、通話ができる状況かを相手に確認します。

★★★

静かな場所、周囲に迷惑をかけない場所に移動して掛ける

騒がしい場所では、こちらの声は聞き取りにくくなりがちです。携帯電話での通話は、掛ける時も受ける時も、なるべく静かな場所へ移動します。

掛ける時も受ける時も、周りの人の迷惑にならないよう、路上なら邪魔にならない端に移動してから、飲食店などの店内にいる時は店の外に出てから通話します。

また、重要な話や会社の内部情報が含まれ

る会話は、誰にも聞かれないところでします。しかし、気をつけていても何気ない会話の中に思わぬ情報が含まれてしまうこともあります。

情報漏えいを防ぐためにも、ビジネスの用件では**不特定多数の人に聞かれる場所で不用意に通話しない**のが原則です。

★★★

着信音はシンプルなものに。センスや笑いは不要

仕事で使う携帯電話の着信音はシンプルな呼び出し音にします。自分の好きなバンドの着メロや、おもしろい着ボイスなどは不適切です。

仕事の電話の着信音で、おもしろさやセンスをアピールする必要はありません。

★★★

会社支給携帯は私用には使わないのが常識

会社によっては携帯電話を支給されることもあります。この携帯電話は仕事用に支給されるものなので、私用には用いません。

私用はすべて自分の携帯電話で済ませるのが社会人としての常識です。

★★★

会議・打ち合わせ中は電源オフ

携帯電話は会議や打ち合わせの最中は電源をオフにします。

そのほかにも、歩きながら電話やメールをする「ながら携帯」や「ながらスマホ」をしないなど、公共の場での携帯電話マナーもきちんと守ることが大切です。

言うまでもないことですが、飛行機の中や病院、電車や地下鉄の優先席付近では電源をオフにします。

また、図書館の中や車の運転中は電話に出ることができませんので、マナーモードやドライブモードに切り替えておきます。

★★★ 仕事中は個人携帯を操作しない

仕事中、個人の携帯電話は使用しないのが大人のマナーです。

個人の携帯電話の操作や、私用の電話は休み時間か勤務時間外にします。

また、休み時間でも、会社の自席での個人の携帯電話の操作は御法度《ごはっと》です。

どうしても私用のメールや電話をする必要がある時は、席を離れ、人目につかない場所へ移動してから行ないます。

個人の携帯電話を仕事に使っている場合も、仕事中にむやみに携帯電話を操作するのは大人にふさわしい行為とは言えません。

★★★ 店で、更衣室で、会社で……!? 充電のマナーを守る

電池の残量が減ってきたからといって、会社やランチで利用したお店、職場の更衣室などで携帯電話の充電をする人を見かけることがあります。

携帯電話の充電は家でしてくるのが大原則です。充電を忘れるのも立派な「忘れ物」。会社の更衣室くらいは大目に見てくれることもあるかもしれませんが、外出先で充電などというのは社会人失格です。

★★★

休憩時間中でも人といる時は携帯電話の操作は控える

休憩時間であれば個人の携帯電話やスマートフォンを操作するのはかまいませんが、上司や先輩はもちろん、相手が親しい同僚でも、**人と一緒にいる時は携帯電話の操作を控える**のが基本マナーです。

特に会話をしているわけではなくとも、一緒にいる人間そっちのけで携帯電話に夢中になられるのは不愉快なものですし、目の前にいる相手をないがしろにするのは、大人の取るべき行動ではありません。

仕事で移動中の時なども、職場にいる時と同じく個人の携帯電話の使用は控えます。

★★★

派手なストラップ、ケースは使わない

会社支給の携帯電話はもちろん、私用の携帯電話の場合も、仕事で使う場合は、キャラクターもののストラップや派手なデコレーションをほどこしたケースなどの使用は避けます。

ストラップもケースも、ビジネスシーンにふさわしい、なるべくシンプルなものを選びます。

☆携帯電話を時計代わりに使うのは学生のうちまで

社会人になったら時間は腕時計で確認するのが大原則です。携帯電話を時計代わりに使うことが許されるのは学生のうちまででしょう。

SCENE 4

あわてない、恥をかかない

冠婚葬祭のマナー

SCENE 4

冠婚葬祭のマナー

ビジネス

一般

結婚式に招かれたら、出欠連絡は早めが原則

★★★

出欠の葉書の返信は早めに

結婚式の招待状に同封されている返信葉書（返信葉書の書き方は108頁）は早めに出すのが招待者への礼儀です。期限までかなり時間があるとしても、**招待状の到着から1週間以内に返送**します。

やむをえない事情で直前まで予定がわからない場合は、直接招待者に相談します。

また、新郎新婦本人に口頭やメールで出欠を伝えていたとしても、招待状をいただいたら葉書も必ず返信するのがマナーです。

★★★

欠席の場合はご祝儀＋祝電でお祝いの気持ちを伝える

結婚式に招待されたものの、欠席せざるをえない時は、欠席を伝えるだけでなく、**結婚式前に招待者の自宅宛に現金書留でご祝儀《しゅうぎ》を送ります。**さらに**当日式場に届くよう祝電《しゅくでん》を打つ**と、お祝いの気持ちがより伝わります。

結婚式には招待されていないけれどお祝いの気持ちを伝えたい場合も、祝電を打ちます。

祝電を打つ際には、結婚式場の住所と披露

宴の日時が必要ですので、あらかじめ調べておきます。

ぬいぐるみや風船つきの電報なら受付や会場の飾りとして使うこともできますし、事後持ち帰ることを考えるとシンプルなものがいいという場合もあります。

希望を聞いておき、新婦の好みに沿った祝電を手配すると喜ばれるでしょう。

★★★

子供との出席ではご祝儀を上乗せする

夫婦で結婚式の招待を受けた場合、招待状に「是非ご家族で」などという誘いがない限り、子供は祖父母に預けるなどしたほうが無難です。どうしても子供の預け先がない場合は、子供を連れて行ってもいいかどうか招待者に確認します。

子供連れで出席する場合、子供の食事や席が用意されているのであれば、ご祝儀は大人だけで出席する時よりもやや多めに包んでいくのがマナーです。

また、食事も席もいらない乳幼児の場合も、子供のためのプレイルームやおむつ替えや授乳用の控え室、ベビーベッドなどを準備してくれている場合は、やはり多めに包んでいくほうがよいでしょう。

☆式の途中での中座・退席は、目立たぬようするのがマナーです

結婚式をやむをえず途中退席する際は、事前に新郎新婦に断りを入れておくのがマナーです。退席の際は、あらかじめ会場の人に誘導を頼んでおき、目立たないよう辞去します。

SCENE 4

冠婚葬祭のマナー

ビジネス

一般

知らないと恥ずかしい、正しい祝儀袋の選び方・書き方

★★★ 中身の百分の一の値段が目安

祝儀袋は、水引で作られた鶴をあしらった立派なものから、シンプルなデザインのものまでさまざまですが、祝儀袋を選ぶ際、中身と外見の釣り合いは非常に重要です。

包むご祝儀の百分の一の値段が祝儀袋を選ぶ際のおおよその目安になります。

たとえば、包む**ご祝儀が3万円ならば、袋は300円程度のもの、ご祝儀が10万円ならば、1,000円程度のもの**が妥当でしょう。鶴や亀が舞う1,000円以上の立派な祝儀袋に1万円のご祝儀を包むのでは非常識な印象です。

★★★ おしゃれなご祝儀袋は友人用

祝儀袋には、式後にふろしきとして再利用できる布製のものやカラフルでモダンなデザインのものなどもあります。

これらの凝ったデザインのご祝儀袋は仲の良い友人や同僚へのお祝いを包むのには適していますが、袋の値段の百倍のご祝儀を包むにはややカジュアルすぎる場合もあるので注意が必要です。

★★★
紅白、金銀の結び切りの水引

結婚のお祝いを包む**祝儀袋の水引は紅白、もしくは金銀で結び切りのもの**が基本です。最近では水引がハート形になっているものなど遊び心あふれるデザインのものもあり目をひきます。どんなデザインのものでも結び切りになっていれば問題ありません。逆に、いくらデザインが気に入っても何度も結べる蝶結びになっていたりするものは避けます。

★★★
祝儀袋の表書き

祝儀袋の中央上には**「寿」「御結婚御祝」「寿御結婚」**など、**中央下には自分の名前をフルネームで書きます。**字はボールペンやサインペンではなく、毛筆、もしくは筆ペンで

水引の種類

蝶結び	結び切り	あわび結び
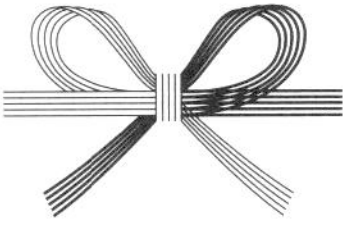	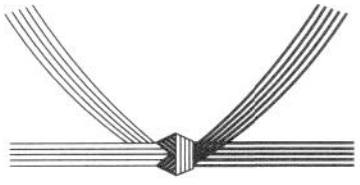	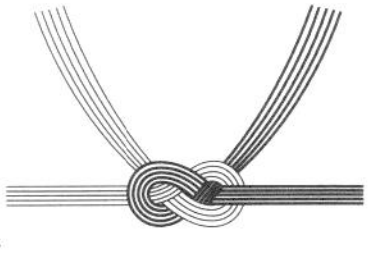
簡単に何度も結び直せることから、何度も繰り返したい、婚礼以外のお祝いごとに用いられる	固く結ばれ解けないことから、婚礼のお祝いや弔事に用いられる	結び切りの一種。長く良い付き合いの象徴として、慶弔どちらにも用いられる

書くのがマナーです。

家族で招待された場合は家長の名前のみで問題ありませんが、**夫婦連名にする場合は中央に夫の苗字と名前、その左に妻の名前**という形が一般的です。

★★★ 三名以上の連名の書き方

三名の**連名の場合は、右から左へ向かって地位や年齢の高い人から順**に並べて書きます。三者の間に年齢、地位の差がない場合は五十音順に書きましょう。
四名以上の連名では、表書きを△△一同、もしくは代表者の名前＋外《ほか》△△一同などとして、全員の氏名を書いた紙をなか袋に入れます。披露宴に出席しない有志での連名は、氏名と一緒に住所も記しておくと親切です。

祝儀袋の書き方

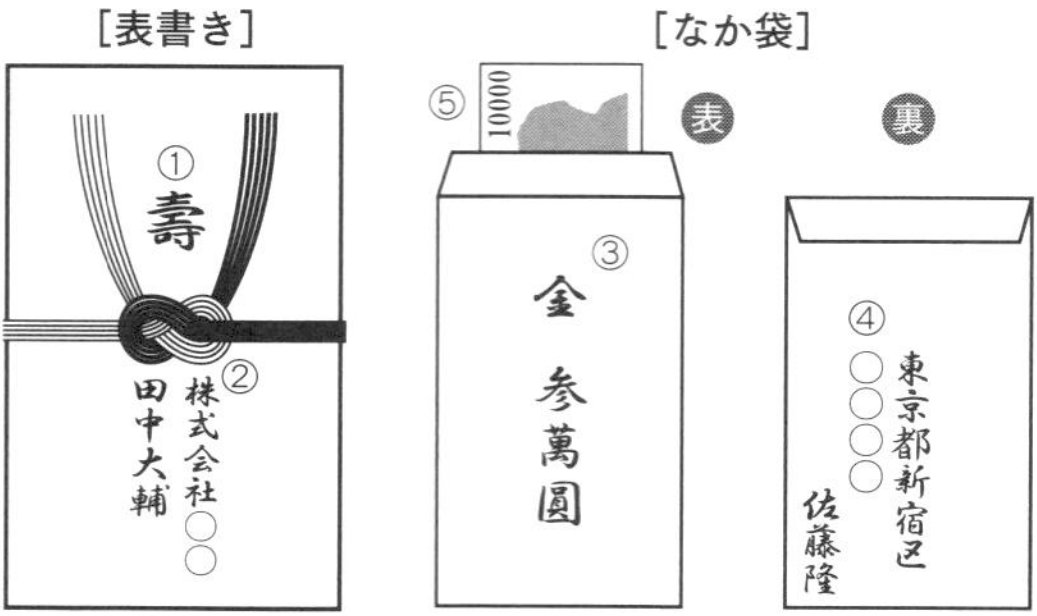

①毛筆で「壽」か「寿」、「御結婚御祝」「寿御結婚」
②会社名を入れる場合は名前の右側にやや小さめに
③金額は表中央に旧漢字で
④自分の住所、名前は必ず明記
⑤お札の「顔」の部分が上側、表に来るようなか袋に入れる

会社名や団体名を入れる場合は名前の右肩に、名前よりやや小さめの字で入れます。

なか袋の金額表記は「金参萬圓」が正式

なか袋の表には、祝儀袋と同じ筆文字で金額を書きます。一万円、三万円ではなく、**壱**《いち》**萬圓**《まんえん》、**参**《さん》**萬圓**、**伍**《ご》**萬圓**、**壱拾**《じゅう》**萬圓**などと、大《だい》字《じ》と旧漢字を使うのが正式です。金額の前に「金」を入れて**「金〇萬圓」**と記します。

また、金額の最後に**「也」**《なり》をつける場合もあります。しかし、「也」をつけるのは間違いとする説、ご祝儀の金額によってつける場合とつけない場合があるとする説など諸説あります。そのため、「也」はつけてもつけなくても、どちらでもかまいません。

ご祝儀は新札を包む

ご祝儀は事前に銀行で新札に交換しておきます。新札を用意できなかった場合は、なるべくきれいなお札を包みます。

しわのあるお札も当て布をしてアイロンをかけると、きれいにしわが伸びます。

また、お札を入れる向きにも気をつけると丁寧な印象です。**お札は「顔」の部分が上側、表に来るように**、なか袋に入れます。

☆結婚の「お祝いの品」は式の1週間前までに贈ります

結婚のお祝いの品は結婚式の1週間前までに贈ります。お祝いの品物で「割れる」を連想させるガラス製品や「切る」につながる包丁などは、本人の希望がない限りは避けます。

SCENE 4

「お祝い」の最重要事項！ご祝儀の相場

冠婚葬祭のマナービジネス一般

★★★

ご祝儀は割り切れない奇数額が基本

お祝いの金額に４万円、６万円といった**偶数金額は、別れを連想させるのでタブー**とされています。

ただし、**２万円はペアという意味に捉えて、８万円は末広がりとつながるため、10万円は１が奇数のため、ご祝儀に用いてもよい**とされています。

逆に奇数でも**９万円は「苦」を連想させるため不適切**とされています。

★★★

式に持っていくご祝儀の相場

披露宴に出席する場合のご祝儀の相場は左記のとおりです。

兄弟姉妹の結婚式：３万～10万円
甥姪の結婚式：３万～５万円
部下の結婚式：５万円
友人の結婚式：３万円

いずれも出席者自身の年齢により包むご祝儀には差があります。たとえば部下の結婚式に出る場合も、出席者の年齢が20代であれば3万円という場合もあります。また、夫婦で結婚式に出席する場合は、**新郎新婦が兄弟姉妹、もしくは甥姪なら5万～10万円、それ以外では5万円**がおおよその相場になります。

式に出席しない場合のご祝儀

披露宴に出席しない場合の相場は、

親族：1万～2万円
友人：1万円
職場の同僚：5,000～1万円

ほどでしょう。連名で包む場合はやや少額ずつになることが多いようです。

会費制ならご祝儀はいらない

会費制の結婚式では出席することがお祝いになります。そのため、招待状に会費が記されている場合、ご祝儀を用意する必要はありません。特別親しい間柄では、会費とは別にお祝いの品や現金を渡す場合もあります。

会費はご祝儀ではないので、祝儀袋にも入れませんし、新札でなくてもかまいません。お財布に、お釣りが出ないようぴったりの金額を用意していくのがスマートです。

☆2万円を包む場合は、一万円札＋五千円札2枚

出席者が学生や社会人になりたてでご祝儀を3万円包むのが難しい場合は2万円でも問題ありません。その場合は一万円札を2枚ではなく一万円札＋五千円札2枚で包みます。

SCENE 4

冠婚葬祭のマナー

ビジネス

一般

祝儀袋はふくさに包んで持参するのがマナー

★★★

祝儀袋の外包みの包み方

祝儀袋は、外包みの包み方にも決まりがあります。

外包みの中央になか袋を置き、左、右、上、下の順に折りたたみます。

折り返しの下側は必ず上に被さるよう気をつけます。これは**折り返しが上向きになる形に、喜びを受け止めるという意味**があるからです。

弔事《ちょうじ》の時はこれとは逆に、上側が下向きに被さるよう折ります。

慶弔の外包みの違い

［弔事］　［慶事］

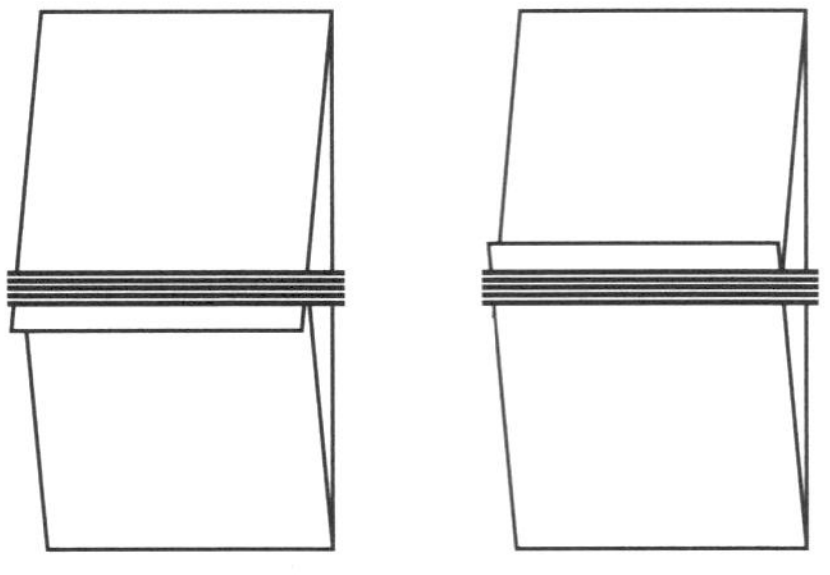

弔事では上側が下を向くように包む

慶事では下側が上を向くように包む

祝儀袋はふくさに包んで持っていく

祝儀袋をそのまま持参するのは非常に失礼なことです。祝儀袋にしわや汚れがつかないよう、必ずふくさに包んでからポケットやバッグにしまいます。**ピンクや赤、えんじなど暖色系の色が慶事用**《けいじ》です。紫や紺ならば、慶事にも弔事にも使えて便利です。

渡す時は、ふくさのまま取り出し、**受付でふくさを解き、たたんだふくさの上に祝儀袋を載せて両手で手渡します**。この時、**表書きの文字が相手から読める向きで**手渡します。

ふくさの包み方

ふくさは簡易ふくさでも普通のふくさでもどちらでもかまいません。台紙付きの簡易ふくさならば祝儀袋を入れるだけ、普通のふくさは自分で包まなければいけませんが、祝儀袋を渡したあとは小さくたためる利点もあります。

ふくさも慶事と弔事で包み方が違うため注意が必要です。**慶事の場合は、中央よりやや左寄りに祝儀袋を置き、左、上、下の順に折りたたみ、最後に右側を折り、端の三角が少し出るよう折り返します**（図は170頁）。

☆ふくさがない時はきれいなハンカチで代用

ふくさがない場合は、ハンカチで代用してもかまいません。ハンカチは慶事にふさわしいきれいな色目や華やかな模様のものを用いると良いでしょう。

SCENE 4

冠婚葬祭のマナー

ビジネス

一般

結婚式のドレスコード〈女性編〉ワンピース・ストッキング・パンプスが基本

★★★

ワンピースが基本

女性の場合は優しい色合いの**ワンピースが基本**です。

ワンピースは花嫁衣装の白色のもの、体の線がはっきり出てしまうタイトなデザインやミニスカートなどは避けます。

ノースリーブの場合はボレロやショールなどの羽織りもので肩を覆います。また、ドレスに黒を選んだ時は羽織りものや小物を明るい色にするなど、全体で華やかな装いになるよう気を配ります。

★★★

ワンピースはツーピースより格上

「別れ」を連想させるツーピースやバイカラーのワンピースは着ないほうがよいとする説もありますが、そこまで神経質になる必要はないでしょう。ただし、**ツーピースよりワンピースのほうが格上の装い**です。ツーピースを着る場合は、ビジネスライクなものは避け、華やかにコーディネートします。

★★★

靴はパンプスが正式

靴は**つま先が隠れるパンプスが正式**ですが

最近ではオープントウのパンプスも形によっては許容されてきています。ミュールやサンダル、ブーツはいけません。またヒールの高さは3~5cm程度で、細いタイプのものが好印象です。

生足はNG。肌色ストッキングを

足元は肌色のストッキングが基本です。生《なま》足《あし》、黒いストッキング、カラータイツ、網タイツは避けます。

肌色でも少しラメが入ったものなど、凝ったデザインのものだとより華やかな印象を演出できるでしょう。

バッグは小ぶりのものを

バッグは小ぶりのパーティーバッグを用意します。**ヘビ革やワニ革などの爬虫類《はちゅうるい》の革でできたバッグは殺生《せっしょう》を連想させるため避けます。**また、昔は同じ理由でファー素材の小物も避けられていましたが、最近ではタブー視されなくなっています。

髪はアップスタイルが好印象

髪はアップスタイルが基本ですが、派手すぎ、盛りすぎにならないようきちんとセットしてあれば問題ありません。

☆ホテル、レストランでは華やかに、教会、神社ではきちんと感を

結婚式の装いは場に合ったコーディネートをします。ホテルやレストランでの式では会場に花を添える装いを、教会や神社での式ではきちんと感を出した装いを心がけます。

SCENE 4

冠婚葬祭のマナー

ビジネス

一般

結婚式のドレスコード〈男性・親族編〉続柄、立場で変わる正装のルール

★★★

ブラックスーツが正式、若い人ではダークスーツが主流

男性の場合は**ブラックスーツに白かシルバーグレイのネクタイが正式**です。ただし、若い人の間ではブラックスーツよりダークスーツ、ネクタイも淡いカラーのものを身につけるのが最近の主流のようです。親しい友人や会社の同僚の式では、ダークスーツに淡い色のシャツ、それに合わせたネクタイを選ぶと失敗しないでしょう。

40代以上の男性、あるいは部下の結婚式に主賓として招待されている、スピーチを頼まれているなどという場合は、ブラックスーツに白いネクタイでかっちり決めることが多いようです。

★★★

父母のドレスコード

新郎新婦の父母の服装は、和装にせよ洋装にせよ正礼装《せいれいそう》が基本です。

男性の正礼装は和装では紋《もん》付き羽織袴《はかま》、洋装ではモーニングコートかタキシードです。いずれの場合も、父親の装いは新郎よりも派手にならないよう気をつけます。

母親は、黒留袖を着る方が圧倒的多数です。着物が苦手だという場合は、ロング丈で袖があるタイプのアフタヌーンドレスなどが適当です。

★★★ 叔(伯)父・叔(伯)母のドレスコード

叔（伯）父・叔（伯）母、祖父母として式に出席する際は、新郎新婦の父母よりやや控えめな服装で出席します。

男性はブラックスーツに白のネクタイが基本。**女性の場合は、留袖《とめそで》が主流**ですが、華やかな訪問着を着るのも素敵です。洋装であれば**ロング丈のワンピースなどが適当**でしょう。女性の服装の格は土地柄やほかの親族の服装に合わせるのが無難です。出席者同士で事前に相談しておくとよいでしょう。

★★★ 兄弟姉妹のドレスコード

兄弟姉妹の場合、男性はブラックスーツに白いネクタイが基本ですが、未婚男性はダークスーツでもよいでしょう。**未婚女性は振袖、既婚女性は留袖か華やかな訪問着**などを着る場合が多いようです。洋装ならばドレッシーなワンピースなどが適当でしょう。

男性でも女性でも、**高校生以下で制服がある場合は制服を着るのが正式**です。

☆「平服で」と言われた時は「略礼装」がマナーです

「平服でお越しください」などという場合は、カジュアルすぎず、堅苦しすぎない略礼装で出席します。男性はダークスーツ、女性はワンピースや色無地の着物などが適しています。

SCENE 4

ビジネス

一般

冠婚葬祭のマナー

結婚式に招待する側は、いろいろな種類の「お金」を用意します

★★★
「内祝」は式後ひと月以内に送る

結婚式に出席しない人からいただいた御祝いには、**結婚式からひと月以内に内祝**を送ります。結婚式まで日がある場合は、お祝いのお礼と、式後に内祝を送る旨を伝える葉書を出しておきます。

★★★
入籍のみなら受け取り後ひと月以内に

式はせず入籍のみの場合は、お祝いを**いただいてから1か月以内に内祝**を送ります。この時、二人でお礼かたがた直接品物を持参しあいさつするとより丁寧です。

★★★
招待する側が用意しておくお金

受付をお願いした友人・知人へは3,000～5,000円、友人が司会を務めてくれた場合は3万円程度の現金を式が始まる前に新郎新婦の親から渡します。

仲人《なこうど》や媒酌人《ばいしゃくにん》を立てた場合は、式が終わったあと両家の親がそろって別室で謝礼を渡します。

友人にスピーチや余興、ビデオ・写真の撮

影をお願いした場合などもそれぞれ謝礼を渡します。これらの謝礼は、式当日は多忙な新郎新婦に代わって親があいさつを兼ねて手渡す場合が多いようです。

また**遠方からのゲストの交通費・宿泊費は基本的に招待する側が負担**します。

最近は宿泊場所を新郎新婦が一括して手配し、交通費のみを「御車代《おくるまだい》」として渡す場合が多いようです。

遠方の友人を招待したいけれど交通費・宿泊費を全額負担することができない場合は、招待の前にその旨を伝えたうえで出席してもらえるかどうかを聞いておきましょう。

☆特にお世話になった人には新婚旅行先から葉書を出す

仲人の方やスピーチをお願いした上司など、結婚式で特にお世話になった人へは新婚旅行先からお礼の葉書を出すというのも素敵なお礼のしかたです。

招待者側が用意しておくお金の相場

渡す相手	相場	名目	渡す人	渡すタイミング
司会をしてくれた友人	3万円	御礼	両家の親	式が始まる前
受付をしてくれた友人	3,000～5,000円	御礼	頼んだ側の親	受付が始まる前
仲人	ご祝儀の倍＋御車代	御礼、御車代	両家の親	式終了後、別室で
撮影をお願いした友人	1万～3万円	御礼	新郎新婦	式終了後
スピーチをしてくれた友人	3,000～5000円	御礼	新郎新婦	式終了後
余興をしてくれた友人	3,000～5000円	御礼	新郎新婦	式終了後
遠方の出席者	実費の全額～半額	御車代	親族には親、親族以外には受付係から	式が始まる前

SCENE 4

冠婚葬祭のマナー

ビジネス　一般

失礼のない弔問のルール

通夜、告別式、どちらに出るのが正解？

★★★ 通夜に出るか、告別式に出るか

昔は一般弔問客が参列するのは告別式《こくべつしき》とされており、通夜《つや》は身内だけで故人と最後の夜を過ごすものでしたが、最近では一般弔問客も仕事などの都合から夜に行なわれる通夜のほうに参列するケースが増えています。

また、葬儀《そうぎ》も本来は身内で営む儀式でしたが、最近では告別式と一緒にひと続きで行なわれる場合がほとんどなので、**葬儀・告別式に一般弔問客が参列しても失礼にはあたりません。**通夜か葬儀・告別式のどちらか都合がつくほうに参列すればよいでしょう。

★★★ 葬儀・告別式参列のルール

葬儀に参列する時は早めに会場に到着するよう気をつけます。遅刻は絶対にいけません。告別式のみに参列する場合は、最近では告別式の参列者が少なく早めに終わってしまうことも多いため、終了時間ギリギリの参列は避け、よほどの用事がない限り告別式のあとの出棺を見届けてから帰ります。

この時、コートは脱いで手に持って見送るのがマナーです。

★★★

「ご厚志お断り」の場合は手ぶらで伺うのが正解

通夜や告別式の通知で「ご厚志《こうし》はお断り申し上げます」「供物《くもつ》、供花《きょうか》はご辞退申し上げます」などという案内がある場合がありま す。

「ご厚志はお断り申し上げます」の案内があれば、香典、供物、供花はいりませんよ、という意味なので**手ぶらで伺います。**

「供物、供花はご辞退申し上げます」という場合、供物、供花は送らず香典のみ持参します。「ご厚志お断り」と言われても本当に手ぶらでいいのだろうかと不安になる人も多いようですが、故人の希望を尊重するのがスマートなやり方です。

★★★

通夜ぶるまいは断らない

通夜のあとに設けられる食事の席が通夜ぶるまいです。通夜ぶるまいは供養のひとつなので、**誘われれば断らないのがマナー**です。故人とそれほど親密ではなかった場合は、**少しいただいて長居せずに帰ります。**

また、故人とさほど縁も深くなく、誘われてもいないのにダラダラと居座るのは当然マナー違反にあたります。親しい間柄でなければ誘われない限り、通夜が終わったらすみやかに帰宅しましょう。

★★★

清め塩は自宅前で肩口にかける

会葬礼状《かいそうれいじょう》などに入っている清め塩《きよじお》は、穢れを祓うために使用します。自宅に穢れを持ち込まないために、家族がいる場合は、家族に玄関に入る前に体や足元に塩を掛けてもらいます。一人暮らしの場合は自宅に入る前に自分で肩口に掛ければよいでしょう。会社に戻る場合は、建物に入る前にやはり肩口に掛けます。

　最近では死を穢れと捉えないという理由から清め塩を使わない宗派もあるため、会葬礼状に塩がついていない場合もあります。気になる場合は普段使っている塩で代用します。

★★★

弔問できない時は弔電を送る

　立て込んでいる最中のご遺族へ電話でお悔やみを言うのは失礼にあたります。遠方であるなどやむをえない事情で**通夜にも葬儀・告別式にも参列できない時は弔電《ちょうでん》を打ち、後日現金書留でお悔《く》やみ状と香典を郵送**します。

　弔電は、葬儀・告別式の前日までに告別式が行なわれる葬儀場へ届くよう喪主宛てに送ります。

　訃報を受けたら、**葬儀の日時、葬儀場の名称と住所、連絡先、喪主が誰になるか**などを聞いておきます。喪主がわからない場合の宛名は**「○○（故人名）ご遺族様」**とします。

　また、弔電では父親のことを**「ご尊父《そんぷ》様」**、母親のことを**「ご母堂《ぼどう》様」**などと独特の敬称を使うため注意が必要です。

★★★

葬儀後に訃報を知った時は「お悔やみ状」を郵送する

　訃報を知ったのが葬儀のあとだった場合

は、直接弔問に伺うか、またはお悔やみ状と香典を郵送します。

弔問に伺う場合は電話で「是非直接お悔やみを申し上げたい」と伝え、先方の都合を伺います。

お悔やみ状には、訃報を知らずにいたこと、葬儀へ参列できなかったことへのお詫び、遺族への慰め、故人へのお悔やみの言葉を盛り込みます。

香典の表書きは、キリスト教式、神式の場合は、通夜、葬儀の時と同じでかまいませんが（165頁）、**仏式で四十九日を過ぎてしまった場合は「御仏前《ごぶつぜん》」**になります。

敬称を用いた続柄

続柄	敬称を用いた呼称
娘	ご令嬢様、ご息女様
息子	ご令息様、ご子息様
妻	奥様、ご令室様
夫	ご主人様
母	ご母堂様、お母様
父	ご尊父様、お父様
祖母	ご祖母様、おばあ様
祖父	ご祖父様、おじい様

☆身内の葬式＞友人の結婚式——時間が許せば両方に出席してもいい

友人の結婚式の予定と身内の葬式の予定が重なった場合は葬式を優先させるのが原則です。ただし、時間的に両方に出席することが可能であれば両方出席してかまいません。

SCENE 4

冠婚葬祭のマナー

ビジネス

一般

きちんとした喪服を備えておくのは大人としての常識です

★★★ 男性は黒スーツに黒ネクタイ

葬儀の一般参列者の喪《も》服《ふく》は**男性の場合、ブラックスーツに白無地のワイシャツ、黒いネクタイに黒い靴、黒い靴下が基本**です。

ベルトや時計、ネクタイピンも派手なデザインのものは避け、黒などのシンプルなものを身につけます。スーツの形はダブルでもシングルでもかまいません。

★★★ 黒いネクタイを会社に常備する

職場からそのまま通夜に駆けつける場合は、濃紺やグレーのスーツでもネクタイが黒であれば問題ないでしょう。

社会に出るとおのずと付き合いも広がり、通夜や葬儀へ参列する機会も増えます。

日ごろからお付き合いの多い人は、会社に黒いネクタイを用意しておくと慌てずに済みます。

★★★ 女性は黒い服に黒ストッキング

女性の場合は、黒のワンピースかツーピースに黒のストッキングが基本となります。

特に気をつけたいのは肌の露出です。夏の

暑い日でも、**生足やノースリーブ、シースルー素材、膝上丈のスカートはマナー違反**です。

靴は黒で飾りのないものを選びます。オープントウの靴やサンダルは不適切です。バッグも黒でシンプルなデザインの布製のものが理想です。弔事には殺生を連想させる革製の小物、特に**爬虫類の革でできた小物は避けます**。

アクセサリーはパールが良いとされていますが、**二連になったものは「不幸が重なる」のを連想させるため避けます**。指輪も結婚指輪以外は外しましょう。

コートや傘にも気を配る

喪服の上に着るコートも、毛皮のコートや皮のジャケット、派手な色合いのコートは避け、黒やグレーなどの暗い色目のものを身につけるよう気を配ります。

雨が降っていれば、傘も黒や濃紺などのダークカラーになるよう配慮します。

近親者が着る正式な喪服がある

遺族や近しい親族は、正礼装で迎える場合もあります。正礼装とは、和装で五つ紋、洋装の場合は男性でモーニング、女性で黒いアフタヌーンドレスを指します。

一般参列者は遺族より格式の低い準礼装で参列するのがマナーです。

通夜は喪服でなくてかまわない

葬儀は前日にはわかっているので喪服で行

かなければ失礼にあたりますが、**通夜は突然の訃報なので、地味な格好であればそのままの服装で駆けつけてかまいません。**

通夜で喪服を着るのは死ぬのを予期してあらかじめ準備していたかのようで、失礼にあたるという意見もあるくらいです。

しかし、最近では喪服で通夜に参列する人も多く見られるようになってきました。

通夜の服装は、「葬儀には参列できないので通夜できちんとお別れをしたいから喪服で行く」「職場から駆けつけるのでダークスーツで参列する」など、故人への気持ちや個々の事情を優先してかまわないでしょう。

★★★ 法事は黒でなくてもOK

通夜や三回忌《さんかいき》以降の法事では、略喪服《りゃくもふく》でよいとされています。

略喪服とは、**男性は濃紺やダークグレーなどの暗い色目のスーツに白無地のワイシャツ、ダークカラーの無地ネクタイに黒い靴、女性はやはりダークカラーのワンピースかツーピースに、肌色か黒のストッキングが基本**です。

ダークカラー以外の制限はありませんが、やはり、光沢のある生地や胸元の露出が多くなるデザインの服は避けましょう。

★★★ 数珠は房を下にして持つ

数珠《じゅず》は宗派によって形も長さも違いますが、持参するのは自分の持っている数珠でかまいません。

短い数珠はそのまま、長い数珠はひとひね

りして二重にして使うとよいでしょう。

持ち方は、**座っている間は左手に掛けておき、立っている間は房を下にして左手に持ちます。**

合掌《がっしょう》は、短い数珠の場合、親指と人差し指の間に房を下にして掛け、長い数珠の場合は二重にして同じように親指と人差し指の間に掛けるか両手の中指に掛けて手を合わせます（正式には、宗派によって異なります）。

また、数珠は仏教で用いるものなので、仏教以外の宗教の信者は持っていないのが普通です。そのため、数珠は葬儀に必ず持参しなければならないものではありません。

数珠の使い方例

※宗派によって使用方法は異なる

[持ち方]

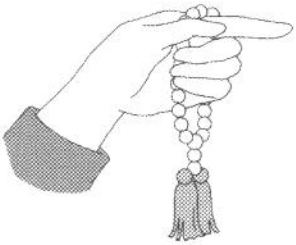

立っている時は、房を下にして、左手の親指と人差し指の間に掛けて持つ

[合掌のしかた]

親指と人差し指との間に掛けて合掌。長い数珠は二重にしても可

☆喪服がなければボタンカバーで飾りボタンを隠しても

ダークスーツや黒いコートは持っていても金ボタン……そんな時はボタンカバーで急場を凌ぐ配慮を。手芸屋さんやインターネットで探して備えておくと安心です。

SCENE 4

ビジネス 一般

冠婚葬祭のマナー

弔問の正しい作法——死を悼む言葉にもルールがあります

★★★ 通夜前の弔問は特別親しい人のみ

基本的には通夜前の弔問は避けますが、親族やとても親しい人の訃報を受けた場合は、通夜の前に自宅に弔問に伺うこともあります。また、通夜や告別式に参列できなかった場合、後日喪家《そうか》の都合を聞いたうえで自宅に弔問に伺うこともあります。

弔問の流れは、①**遺族にあいさつをしたあとは祭壇の前まで進んで一礼。**②**座布団を脇に寄せ合掌し遺影に目を向ける。**③**焼香《しょうこう》して再び合掌。**④**下がってから座布団を戻す。**⑤**遺族に手短にお悔やみの言葉を述べる、**というのが基本です。

通夜前の弔問では香典は持参せず、長居は避けて早めに辞去します。ただし、人手が不足していそうならば手伝いを申し出るとよいでしょう。

★★★ キリスト教、神式で「ご冥福」は×

仏式の弔問でよく使われる「ご冥福《めいふく》をお祈りいたします」というお悔やみの言葉はキリスト教式、神式の葬儀では使いません。このほかにも、キリスト教式、神式では、仏式でよく使うお悔やみの言葉が多数忌《い》み言葉として扱われるため、遺族に声を掛ける際、弔電を打つ際には注意が必要です。

キリスト教では**「安らかなお眠りをお祈り申し上げます」**、神式では**「このたびは突然のことで……」**などと言うのが一般的です。

★★★ 遺族にはあまり声を掛けない

通夜や葬儀の席では遺族にあまり声を掛けないのがマナーです。会葬者が多い場合などは目礼《もくれい》だけで失礼します。お悔やみの言葉を伝える場合も、長々としゃべらず手短に弔《ちょう》意《い》を伝えます。

宗教によって違う忌み言葉

宗教	忌み言葉
共通	「繰り返し」につながる言葉（重ねる、再三、くれぐれも、たびたび、いよいよ)、四、九
キリスト教式	成仏、ご冥福、ご愁傷様、供養、往生、哀悼、お悔やみ
神式	成仏、ご冥福、ご愁傷様、供養、往生
仏式（浄土真宗）	ご霊前、ご冥福

☆弔問の席で香水をつけるのはタブーです

しめやかな雰囲気のなかで執り行なわれる葬儀の席では派手な服装はもちろん、香水も避けるのがマナーです。華やかな香水の香りは弔いの場には不適切です。

SCENE 4

冠婚葬祭のマナー

ビジネス

一般

不祝儀袋の選び方・書き方は式の形式に合わせます

★★★

水引は必ず「結び切り」

一般に香典袋などと呼ばれる不祝儀袋《ぶしゅうぎぶくろ》は参列する葬儀の形式によっては不適切なものもあるため、選ぶ際には注意が必要です。**水引は必ず「結び切り」のものを選びます**。水引の色は黒と白、もしくは銀色のものが一般的です。

しかし、**キリスト教式の葬儀では水引のないタイプの袋を使用するのが原則**です。急な訃報でキリスト教式の不祝儀袋を用意できない場合は双銀《そうぎん》の水引のもので代用します。

★★★

デザインで迷ったら白無地を選ぶ

袋に印刷されたデザインも、**蓮《はす》模様は仏教用、ユリや十字架などがデザインされたものはキリスト教用**です。キリスト教式の葬儀に蓮模様が入った不祝儀袋を持参したり、仏式の葬儀に十字架が印刷された不祝儀袋を持参するのは非常に失礼なことです。

事前に葬儀の形式がわかっていれば、それに合わせた不祝儀袋を持参するのが一番ですが、葬儀の形式がわからない時は白無地のものを選ぶのが無難です。

★★★

中身に釣り合った不祝儀袋を

不祝儀袋も祝儀袋と同じように中身との釣り合いが大切です。

1万円未満を包む際は、水引が印刷されたタイプの不祝儀袋を用い、**1万〜3万円を包む際は水引が黒と白のシンプルなデザインのもの、3万〜5万円を包む際は双銀の水引のもの、5万〜10万円以上を包む際は、やや大判で紙も水引も豪奢なタイプの不祝儀袋を用いる**のが一般的です。

★★★

表書きで迷ったら「御霊前」か「御供料」

不祝儀袋の表書きは、仏式で**「御香典」「御香料《ごこうりょう》」「御《ご》霊前《れいぜん》」**などですが、同じ仏式で

不祝儀袋の例

［形式が不明なとき］

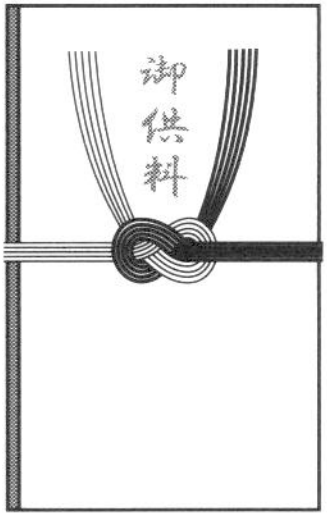

［キリスト教用］

［仏式用］

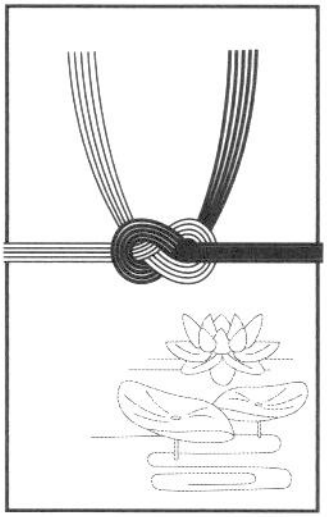

も**浄土真宗《じょうどしんしゅう》では「御霊前」は使用しません。**

神式では**「御榊料《おさかきりょう》」「御玉串料《おんたまぐしりょう》」「御霊前」**、キリスト教式ではカトリックで**「御花《おはな》料」「御《おん》ミサ料」**または**「御霊前」**、プロテスタントの場合は**「御花料」「忌慰《きい》料」**となります。

葬儀の形式がわからない時や無宗教式の時は、比較的どの宗教でも使える**「御霊前」**か、故人の好きなものを供えてもらうという意味の**「御供《おそなえ》料」**にしておきましょう。

★★★ 不祝儀袋に書く名前は薄墨で

不祝儀袋の水引の下中央には、自分の名前をフルネームで書きます。

濃い墨で書く人もいますが、**「涙で墨が薄くなった」などという意味合いから薄墨で書くほうが悲しみの気持ちがより伝わります。**

最近では百円ショップでも弔事用の薄墨の筆ペンが手に入ります。普通の筆ペンしかない場合も、筆先に少しの水を浸し、薄墨にして書きましょう。

★★★ 連名の場合の表書き

連名の場合は、地位や年齢の高い人から順に右から並べて書きます。

三名以上の連名の場合は、表書きは「○○一同」などとし、なか袋の中に全員の名前、連絡先を記した明細を入れておきます。

★★★ なか袋に住所を忘れない

不祝儀袋のなか袋には祝儀袋のなか袋と同じように、表側に金額、裏側に住所、氏名を書きます。

ただし、金額を住所、氏名と一緒に裏側に書く地域もあるので、わからない時は周囲に確認するとよいでしょう。なか袋も表書きと同じ薄墨で書きます。

結婚式で手渡すご祝儀袋では、出席者の住所を招待者が知らない可能性はないので住所を書かなくてもさほど問題ありませんが、葬儀では参列者の住所を喪家の人間が知っているとは限らないため、住所は必ず書き添えます。

同じ理由で、記帳の際も、住所は省略せずに書きます。

☆間違った不祝儀袋を持参した時は持ち帰るのがマナーです

仏式の香典袋を持参したが式は神式だった。そんな時は、受付で記帳だけして間違った不祝儀袋は持ち帰ります。後日正しい袋に入れ替えてお悔やみ状とともに郵送しましょう。

不祝儀袋の書き方

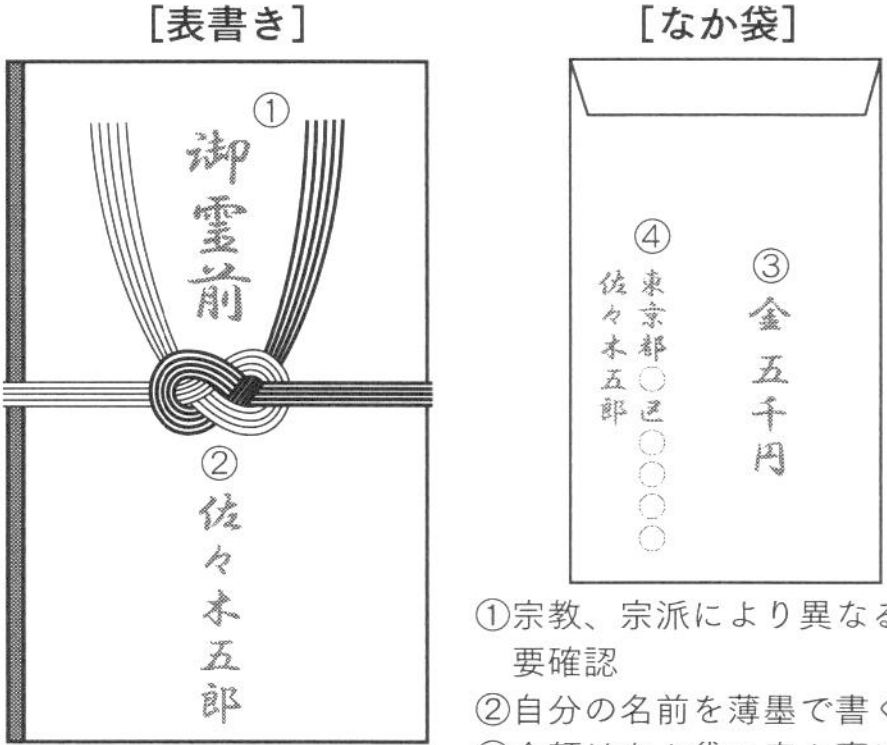

①宗教、宗派により異なるので要確認
②自分の名前を薄墨で書く
③金額はなか袋の表か裏に書く
④自分の住所、氏名は必ず明記する

SCENE 4

冠婚葬祭のマナー

ビジネス一般

喪家にストレスを掛けない「香典」のマナー

★★★

香典の金額は周りと相談して

香典の金額は、相手との関係の深さ、自分の年齢で相場は大きく変わります。また、地域によっても違いがあるので、迷った時は周囲の人に相談すると間違いがないでしょう。おおよその相場は以下の通りです。

故人が親：3万～10万円
故人が叔(伯)父・叔(伯)母：1万～3万円
故人が祖父母：1万～5万円
故人がその他の親類：3,000～3万円
故人が友人：5,000～1万円
故人が友人の親：3,000～1万円
故人が職場の上司：5,000～1万円
故人が上司・同僚の家族：3,000～1万円
職場の連名：一人あたり1,000～5,000円

★★★

金額にもタブーがある。四、六、九は避ける

不祝儀の場合、祝儀のように奇数にするなどの決まったルールはありません。

昔は不祝儀では偶数にするといいとも言われましたが、最近は3，000円や5，000円、1万円などの奇数額を包むこともよくあります。

連名で包む場合も合計金額が四や六や九のつく金額にならないよう調整します。**「死」「苦」に通じる四や九、「無」「亡」に通じる六のつく金額は避けます。**

新札を包む時は縦に一本折り目をつける

ご祝儀と違い香典は古いお札を包みます。古いお札といっても、汚れていたり、あまりにヨレヨレのお札はいけません。

新札を包むのは準備していたようで縁起が悪いため避けますが、どうしても**新札しかない場合は中央に一本縦の折り目をつけてから包みます。**

不祝儀袋の外包みは悲しみを受け流す形に

不祝儀袋の外包みは、慶事の時とは逆の包み方をします。

まず、**外包みの中央になか袋を置き、右、左、下、上の順番に折りたたみます。**

慶事では下側が上向きになるように包みますが、**弔事では、悲しみを受け流せるようにという意味で、上側が下向きになるよう折る**のがポイントです（図は146頁）。

弔事用ふくさの包み方

不祝儀袋はふくさに包んで持参します。

グレーや緑、紫、紺などの寒色系のものが弔事用のふくさです。ふくさの包み方も慶事とは違います。

不祝儀袋を、広げたふくさの中央よりやや右寄りに置き、右、下、上の順に折り返します。最後に左側を折り、端の三角が少し出るよう折り返します。

★★★ 香典をふくさごと渡すのは×

会場に着いたら、受付で香典を渡し、記帳をします。

香典を渡す時は、**その場でふくさを解き、すばやくたたんだあと手前に置き、表書きが相手の正面に来るよう不祝儀袋の向きを調整して手渡します。**

ふくさごと渡してしまう人がまれにいます

慶弔ふくさの包み方

[慶事]

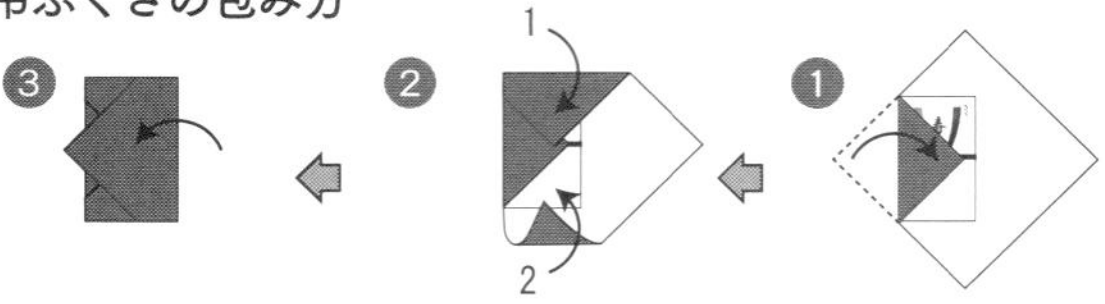

① やや左寄りに祝儀袋を置き左側をたたむ

② 上、下の順にたたむ

③ 左側が三角に出るよう折り返す

[弔事]

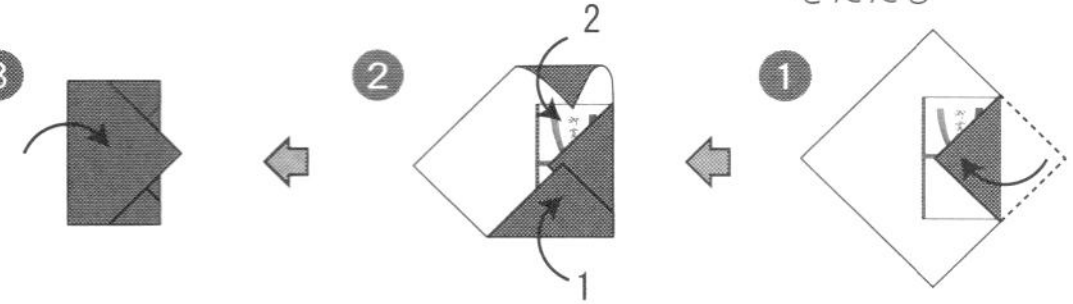

① やや右寄りに不祝儀袋を置き右側をたたむ

② 下、上の順番にたたむ

③ 右側が三角に出るよう折り返す

が、これでは相手にふくさを解く手間をかけるだけでなく、相手はふくさをこちらに返すことになります。**「ふくさを返す」のは「不幸を返す」に通じ、縁起が悪いためタブー**とされています。

受付がない時は祭壇に香典を供える

通夜や葬儀で受付がないこともあります。その場合香典は、遺族に手渡すか、焼香の際に祭壇に置くかどちらかでかまいません。**祭壇に置く場合は、表書きが祭壇の正面に向くように置きます。**

香典を預かって参列した時は会葬礼状も人数分受け取る

通夜にも告別式にも参列できない時に、参列する人に香典を預けても失礼にはあたりません。

その場合、参列した人は香典を預かった人の分も会葬礼状を受け取って帰ります。

記帳については、参列者のみ記帳する場合と、預かった人の分も記帳する場合の二通りがあるので、受付の人に確認するとよいでしょう。

☆通夜と葬儀・告別式の両方に出席する場合、香典は通夜で渡す

通夜と葬儀・告別式両方に出席する場合、香典は通夜で渡します。葬儀・告別式の際は、受付で「香典は通夜でお渡ししました」と伝えれば問題ありません。

SCENE 4

冠婚葬祭のマナー

ビジネス

一般

上司の代理で弔事に出席する時は受付で名刺を渡して一言添える

仕事関係者の訃報の場合

仕事関係の葬儀の場合は、訃報を受け次第上司に対応を確認します。多くの場合は代表者が通夜か葬儀に参列します。近しい関係なら、葬儀のお手伝いをすることもあります。

上司の代理で参列する時は上司の名刺も預かっていく

取引先や会社の関係者の通夜や葬儀に上司の代理で参列することもあります。

その場合、受付では誰の代理で参列したのかを告げ、上司が参列できないことのお詫びをしたうえで、**香典と一緒に上司の名刺を渡して**おくと遺族の方にもわかりやすく親切です。**香典の表書きの名前は当然上司の名前に**なります。

上司の代理で葬儀に参列したあとは、上司に葬儀の報告をし、会葬礼状と香典返しを手渡します。

芳名帳には上司の氏名を書き、「代」として自分の氏名を記す

代理で出席した際、**芳名帳《ほうめいちょう》には自分の住**

所、氏名ではなく上司の住所、氏名を記します。自分の名前は、上司の氏名の下、あるいは横にやや小さめに**「代」**と書いた下に記します。

上司の代理で参列する場合、故人と上司とは仕事上の付き合いであるのが一般的ですので、芳名帳に書く住所は会社の住所になります。また、氏名のほかに会社名、部署名、役職名なども書き添えます。

上司ではなく、夫の代理で妻が葬儀に参列した場合は、芳名帳には夫の氏名の下に**「内」**と添えると、妻が代理で参列したことが伝わります。

代理記帳のしかた

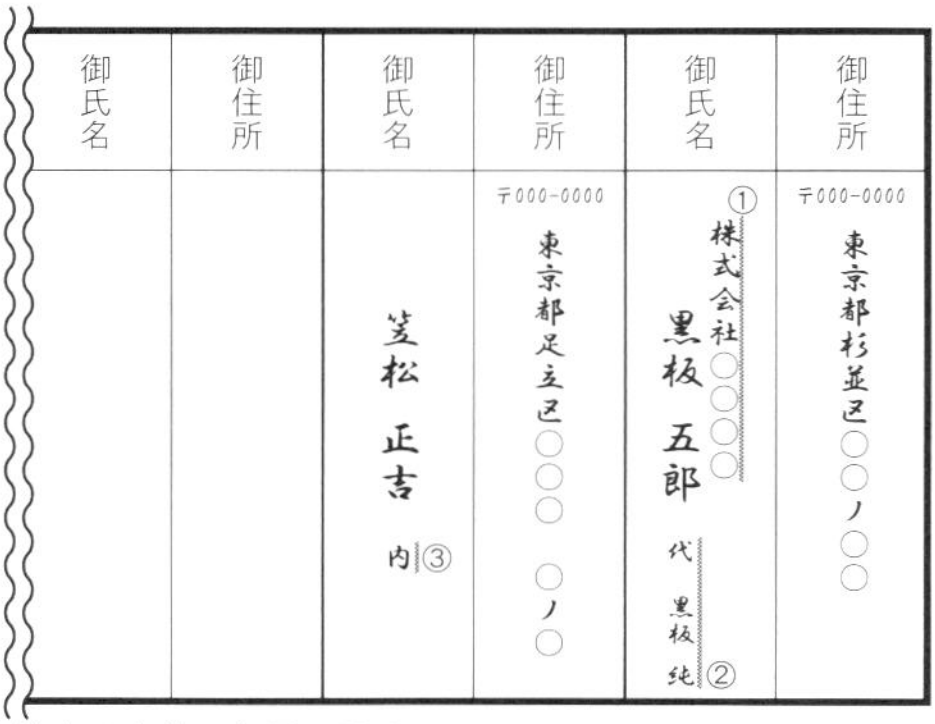

①会社名は名前の右肩に記す
②代理で出席した人の名前は「代」のあとに記す
③妻が夫の代理で出席した際は、夫の名前の下に小さめに「内」

☆通夜ぶるまいに誘われたら

代理で参列した通夜の席で通夜ぶるまいに誘われた場合は、たとえ故人と面識がなくとも口をつけるのがマナーです。ただし、長居はせず、早めに辞去します。

SCENE 4

ビジネス

冠婚葬祭のマナー

一般

仏式、神式、キリスト教式葬儀の参列のマナー

★★★ 仏式……抹香焼香

焼香は喪主、近親者、一般弔問客の順に行ないます。立礼の場合は席の順に声が掛かるので、声が掛かったら焼香の列に並びます。

自分の順番が来たら、**①僧侶と遺族に一礼し焼香台へと進み、遺影に向かって合掌します。②抹香《まっこう》を右手の親指、人差し指、中指でつまみ目の高さまで上げたあと、香炉にくべます。抹香をくべる回数は宗派によって違うため、喪主や近親者の作法に倣います。③遺影に向かってもう一度合掌し、一歩下がって僧侶と遺族に一礼してから、席に戻ります。**

★★★ 仏式……線香焼香

線香焼香の場合も抹香焼香の場合とおおむね同じ流れになります。

①まず僧侶と遺族に一礼してから祭壇前に進み、遺影に一礼します。**②右手に線香を持ちろうそくで火をつけ、口で吹き消さず、左手で仰いで火を消した線香を香炉に立て合掌**します。③その後、**一歩下がり僧侶と遺族に再び一礼**して席に戻ります。

★★★ 神式……手水の儀

神式では、仏式の通夜、告別式にあたる儀式として通夜祭、遷霊《せんれい》祭が行なわれます。斎場に入る際には水で身を清める手水《ちょうず》の儀《ぎ》を行ないます。手水の儀は、**①右手でひしゃくを持ち水を汲み、左手に水を掛け、②ひしゃくを持ち替えて右手に水を掛け、③再びひしゃくを持ち替えて左手で水を受けて口をすすぎ、④最後にひしゃくの柄に残った水を掛けてからひしゃくを戻し懐紙《かいし》で手を拭く**という流れで行ないます。

★★★ 神式……玉串奉奠

神式では、仏式の焼香にあたるものとして玉串《たまぐし》を捧げる玉串奉奠《ほうてん》があります。

抹香焼香のしかた

①僧侶、遺族に一礼後、遺影に合掌

②抹香を右手の親指、人差し指、中指でつまみ目の高さまで上げた後、香炉にくべる

③遺影に向かってもう一度合掌し一歩下がって僧侶と遺族に一礼

玉串奉奠は、**①神職、遺族に一礼し神職から玉串を受け取り**（右手で枝の根元、左手で葉先の部分を持つ）、**②神前に進み一礼したあと、玉串を胸のあたりまで持ち上げて玉串の根元が手前に来るように右へ90度回転させ、さらに右手と左手で持ち替えながら玉串を右に180度回転させながら根元を祭壇へ向けて供え、③二拝二拍手一拝の後一歩下がって神職と遺族に一礼**して席に戻るという流れで行ないます。神社の参拝とは違い、拍《かしわ》手《で》は音を出さないよう、手を打つ直前に止める「しのび手」で行ないます。

★★★
キリスト教式……献花

キリスト教式では、教会ごとに式の流れが違います。多くの場合、讃美歌《さんびか》の斉唱《せいしょう》があ

玉串の捧げ方

①神職、遺族に一礼し神職から玉串を受け取る（右手で枝の根元、左手で葉先を持つ）

②神前に進み一礼する。玉串を胸元あたりまで持ち上げ右へ90度回転（根元が手前にくる）させたあと、さらに右手と左手で持ち替えながら玉串を右に180度回転させて供える（根元は祭壇を向く）

③二拝二拍手一拝の後一歩下がって神職と遺族に一礼して席に戻る。ただし拍手は音を出さない「しのび手」

りますが、メロディがわからなければ静かに聞いているだけでもかまいません。

また、仏式の焼香にあたるものとして献花《けんか》があります。

献花は、**①遺族、聖職者に一礼して両手で花を受け取り**（花が右手、根元が左手）、**②献花台の前まで進み一礼し、花を右へ回転させ、③根元を祭壇に向けて両手で花を置き、黙《もく》禱《とう》してから祭壇に向かって一礼したあと、最後に遺族、聖職者に向かって一礼**してから席に戻るというのが一連の流れです。黙禱の際、指で十字を切ることもありますが、信徒でなければ一礼だけで差し支えないでしょう。

献花のしかた

①遺族、聖職者に一礼して両手で花を受け取る（花が右手、根元が左手）

②献花台の前まで進み、一礼し、花を右へ回転させる（根元は祭壇を向く）

③両手で花を置いたあと黙禱し、祭壇に向かって一礼したあと、遺族、聖職者に一礼

☆無宗教式や「お別れ会」では献花が主流です

最近増えている特定の宗教にとらわれない形の式では献花をする場合が多いようです。参列する式が無宗教式の場合は献花のしかたをおさらいして臨むと安心です。

SCENE 4

ビジネス / 冠婚葬祭のマナー / 一般

喪主と喪家が悲しみのなかでやるべきこと

★★★

喪主は後継者が務めます

喪主は故人と最も縁のある人が務めるのが正式です。多くの場合、故人の配偶者やその子供、親しい友人などが務めます。

喪主は弔問客を迎えるのが主な仕事になります。

また、葬儀後のあと片づけやお礼も喪主の仕事になります。

★★★

香典の「お返し」は「即返し」が主流

香典のお返しは、会葬礼状などとともにその日のうちに品物を手渡す「即返し」が多くなっています。

品物は香典の金額にかかわらず、ハンカチやハンドタオルのセットや3,000円程度の日本茶や海苔《のり》などの乾物が選ばれることが多いようです。

肉類や魚類は殺生を連想させるため不向きとされています。

★★★

日を改めて送る香典返しは四十九日頃に手配

供物や供花をいただいた場合や、香典を多

くいただいた場合などは、亡くなってから**四十九日経過した頃にあいさつ状とともに香典返しを送ります。**

いただいた金額の半分~三分の一程度の品物を送るのが一般的です。

ただし、一家の働き手が亡くなった場合などは香典返しをしなくてもよいとされています。その場合も、礼状は喪明《もあ》けに送ります。

香典返しののしは黒白の水引に**「志《こころざし》」**の表書き、関西では黒白もしくは黄白の水引に**「満中陰志《まんちゅういんし》」**などとします。

神式、キリスト教式の香典返しの表書きは「偲草」

神式、キリスト教式では香典返しは本来ありませんが、**神式では仏式の四十九日にあたる五十日祭、キリスト教式では30日目の追悼ミサ、もしくは1か月目の召天記念日に、香典返しにあたる品物を用意する**こともあります。

その場合ののしは、黒白の水引に表書きは**「偲草《しのびぐさ》」**などとします。

寺院・神社・教会への謝礼は翌日

お世話になった寺院、もしくは神社、教会へは**葬儀の翌日、遅くとも翌々日には直接出向いて謝礼を渡します。**

どうしても都合がつかない場合などは、**「本来であれば後日伺うべきところではございますが……」**などと断ったうえで、葬儀後別室で渡すようにします。

★★★
寺院・神社・教会への謝礼の表書き

表書きは仏式で**「御布施《おふせ》」**、神式で**「御祭《おさい》祀料《しりょう》」**もしくは**「御礼」**、キリスト教式で**「献金」**となります。この時、袋は白い無地の封筒とし、不祝儀袋は用いません。

あらかじめふくさに包んでおき、**渡す際にふくさを解いて相手から表書きの字が読めるよう方向を正して手渡し**します。また、包む金額はさまざまなので、見当がつかない場合は葬儀社か寺院・神社・教会に直接相談してみるとよいでしょう。

★★★
葬儀を手伝ってくれた方への心づけを用意

公営施設の職員は心づけを受け取ることが禁止されていますが、そうではない場合、日本には、葬儀を手伝ってくれた方々に感謝の気持ちを示す心づけを渡す風習があります。渡さない地域もありますし、気持ちで渡すものなので、どの程度包めばよいかわからない場合や渡すタイミングがわからない場合は、葬儀社の人や親族、もしくは近所の方に相談するとよいでしょう。

★★★
おさえておきたい心づけの相場

心づけのおおよその相場は、以下のとおりです。

霊柩車の運転手：3,000〜5,000円
マイクロバスの運転手：2,000〜5,000円

火葬場の係：3，000～5，000円
接待係や受付係：3，000～5，000円
世話役：5，000～1万円
世話役代表：1～2万円
お手伝いしてくれた近所の人：2，000～3，000円
葬儀社の担当者：5，000～1万円

葬儀見積もりに心づけが含まれていたら

最近では、心づけは一括して葬儀社が管理して渡す場合も多く、葬儀費用の見積りの中に心づけ分も含まれていることがあるようです。

その場合は葬儀社に心づけの内訳を聞いておくとよいでしょう。

隣近所へのお礼は初七日前に

隣近所など葬儀の際に**お世話になった方々へのお礼は初七日が終わる前までに**済ませます。

お茶菓子を持参したり、現金を包んで行ったり、地域によって作法はさまざまなうえ、町内会での約束ごとがある場合もありますので、わからない場合は周りの人に相談するとよいでしょう。

☆喪主は僧侶の出迎え、見送りはしない
喪主は基本的に弔問を受けるのが仕事なので、祭壇から離れるのはマナー違反です。僧侶の出迎えや見送りなど葬儀全般の実務は世話役に任せます。

SCENE 5

スマートに振る舞う
食事のマナー

SCENE 5

ビジネス

一般

食事のマナー

立食パーティーで求められるのはスマートなマナーと社交性

★★★ 開始時間には遅れてもOK

立食パーティーは開催時間内であれば入退室が比較的緩やかなので、開始時間に遅れて参加しても問題ありません。

到着後には、まず主催者へあいさつをします。また、早く帰る場合も、主催者に声を掛けてから退出します。

★★★ 食事より会話がメイン。初対面でも積極的に

立食パーティーのメインは食事ではなく会話です。普段は接点のない人と出会えるチャンスなので、初対面の人にも積極的に話し掛けて交友を広げましょう。

また、パーティーでは名刺交換の機会が多いので、名刺はすぐ出せるよう名刺入れを上着のポケットなどへ入れておきます。

★★★ 握手は目上の人から

国際的なパーティーなどでは握手のシーンもよく見かけます。

握手は基本的に目上の人から手を差し出すものです。若輩者が自分から握手を求めるの

は不遜な印象です。また、相手が女性の場合は、女性のほうから手を差し出されない限り、男性から握手を求めることはしません。

★★★
ひと皿に3種類まで。料理は食べきれる量を

一回に取る料理はすぐに食べきれる量を心がけます。一回に持つお皿は1枚が原則です。人の分の料理を取る際も、手に持つお皿は1枚です。

また、何度も取りに行くのが面倒だからといってお皿に料理を大盛りにしたり、味が混ざるほど多くの種類をひと皿に載せたりするのは見苦しいのでやめましょう。料理は、ひと皿に少量ずつ、だいたい2～3種類を目安に取ります。

★★★
椅子の正しい使い方

会場に用意されている椅子はお年寄りや具合が悪くなった人のために用意されたもの。**元気な人がどっかり腰をおろすのはマナー違反**です。

また、椅子に荷物を置くのもいけません。持って歩くのが大変なほど大きな荷物は、あらかじめ会場の外のクロークに預けておきます。

☆**出会いを放置せず、後日メールで名刺交換のお礼をすると◎**

パーティーではたくさんの人と出会える反面、一人一人の印象が薄くなりがちです。後日改めて名刺交換のお礼のメールなどを送っておくと印象が格段に良くなります。

SCENE 5

ビジネス 一般

食事のマナー

美しく上品に見える立食パーティーでの飲食マナー

★★★

料理は好きなものを好きな順に。温かいものと冷たいものは別々に

一般的に、食べ物は入り口付近から奥に向かってフルコースの順番に並んでいることが多いようです。

必ずしも並んでいる順番どおりに取らなければいけないというわけではないので、自分の好きな料理を好きなように取って、サイドテーブルで食べるようにします。

料理には冷たいものと温かいものがありますが、**冷たい料理を取る時は冷たい料理だけ、温かい料理を取る時は温かい料理だけ**、というふうに、冷たい料理と温かい料理でお皿を分けるとおいしく食べられます。

料理をおいしくいただくための配慮も、出席者の大切なマナーです。

★★★

皿・飲み物・箸を片手で持つのが理想。でも、無理は禁物

立食のパーティーでは**皿、飲み物、フォーク**（もしくは箸）**を片手で持つ**、というのがスマートな立ち姿といえます。しかし、これにはかなり高度な技術が必要です。慣れない

うちは、サイドテーブルに飲み物を置いて料理を食べるのが安全です。

無理をして飲み物をこぼしたり、お皿を落としたりするのは一番避けたい事態です。

サーバーは両手で使ってOK

大きなフォークとスプーンでひと組になっているサーバーは片手で使えるとかっこいいですが、上手に使うにはそれなりに訓練が必要です。片手での持ち方は西洋式と日本式がありますが、次頁の図では日本式の持ち方を紹介します。

サーバーは両手で使っても全く問題ありません。片手で使おうとして料理をボロボロ取り落とすよりは、無理をせずに両手を使うほうがよほどスマートです。

片手での皿・飲み物・フォークの持ち方

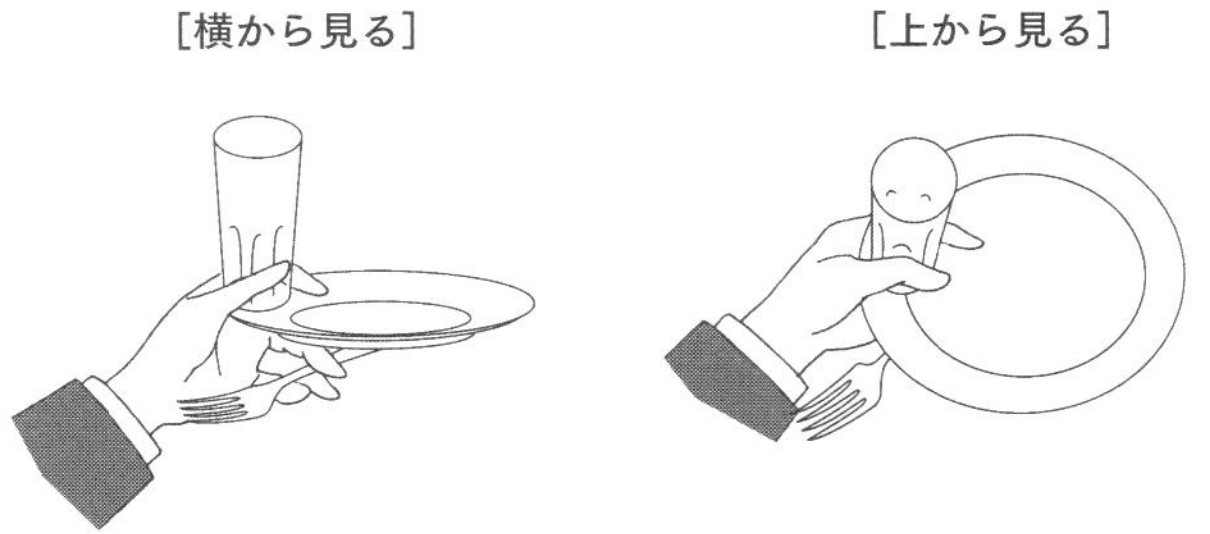

皿の上にグラスを置き親指と人差し指で支え、フォーク（もしくは箸）は先が自分のほうを向くように中指と薬指で挟む

両手でサーバーを使う際は、右手でスプーン、左手でフォークを持ち、スプーンで下からすくうように取り、フォークで上から軽く押さえて料理を挟むようにして運びます。

★★★

サンドイッチはサーバーで取って手で食べる

サンドイッチはサーバーで取って手で食べるのが基本です。サーバーで取りにくいカナッペは、自分で食べる分ならば手で取ってもかまいません。人の分は、サーバーで取って渡しましょう。

★★★

使用済みの皿は飲食用テーブルへ。食器を重ねるのはマナー違反

使用済みの皿は料理テーブルに戻さず、飲

サーバーの持ち方〈日本式〉

①人差し指と親指の間にスプーンの柄を挟み、薬指の先に柄の中央部を載せ、中指を軽くあてる

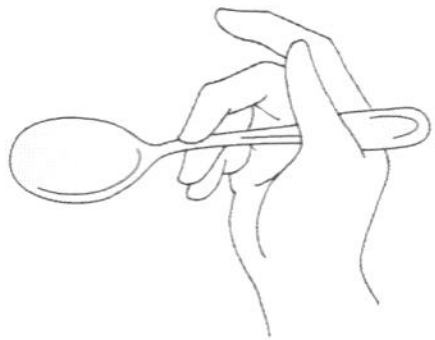

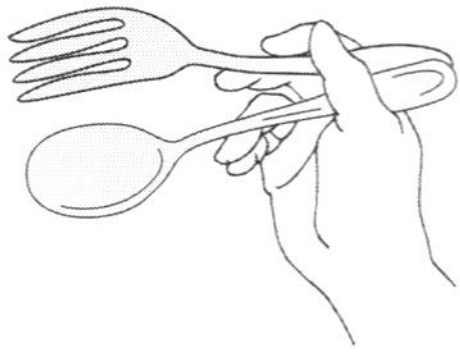

②中指の先にフォークを載せ、人差し指をフォークに添え、中指を使ってフォークを動かす

食用のサイドテーブルに置いておきます。この時、食器は重ねません。

紙ナプキンはグラスに巻きつけて使う

飲み物と一緒に、グラスの水滴をふくためやグラスを持った手が冷えないようにするために使う紙ナプキンを渡されることがあります。

この**紙ナプキンは、グラスの下部を覆うように巻きつけて使うとスマート**です。底部はきれいに折り畳みます。

最初からこのナプキンが巻かれた状態で渡されることもあります。その場合は、外さずにそのまま使います。

ワイングラスを受け取る時に一緒に紙ナプキンも手渡された場合は、グラスの底に敷くように持ちます。

使用済みの紙ナプキンは飲み終わったグラスに入れる

使用済みの紙ナプキンを丸めてサイドテーブルの上に置いておく人がいますが、これはマナー違反です。

使用済みの紙ナプキンは、使用済みの皿の上かグラスの中に入れておきます。

☆料理は冷たいものから順に食べるのが正式です

日本料理は温かいものからいただく場合が多いですが、西洋料理は冷たいものから食べるのが正式なマナーです。食べる順番に迷ったら、冷たいものから順にいただきましょう。

SCENE 5

ビジネス　一般

食事のマナー

正式なマナーでは乾杯のグラスは目上の人よりやや下に持つ

★★★ 乾杯の作法は二種類ある

「乾杯」は大きく分けて、グラスを合わせて音を立てるものと、グラスを上げるだけのものの二種類があります。どちらの乾杯が正しいかは、ＴＰＯによって変わります。シーンに合わせて使い分けることが大切です。

★★★ 正式な場ではグラスを合わせない

結婚式などの正式な場では、起立して乾杯します。

正式な場での乾杯は、**乾杯の唱和と同時に****グラスを軽く持ち上げ、周囲の人に目礼をし、ひと口飲んでからグラスをテーブルに置き拍手をする**、というのが一連の流れです。

このように正式なシーンではグラスを合わせて音を出すことはしません。また、高級料亭や高級レストランなどで使われる繊細なグラスもまた、グラスを傷つける心配があるため、グラスを合わせる乾杯には不向きです。

★★★ カジュアルな飲み会ならグラスを合わせる乾杯で

ビールジョッキなどの厚いガラスでできた

酒器は、グラスを合わせる乾杯に向いています。職場や友人同士での飲み会などのカジュアルな席では、グラスを上げるだけの上品な乾杯よりも、ビールジョッキでグラスを合わせる乾杯のほうが気持ちも良く、仲間同士の親睦も深まります。

また、改まった席でも、目上の人がグラスを合わせる乾杯を求めてきた場合は、それに倣います。

★★★

目上の人との乾杯は両手で、グラスはやや下に持つのが基本

目上の人とグラスを合わせる乾杯をする際には、いくつか気をつけたいことがあります。

まず、**持ち上げるグラスの高さは、目上の人のグラスよりも自分のグラスがやや下になるよう調整**します。相手より上だと、尊大に見え、同じ高さだと「あなたと私は同等の相手」という意味になり、やはり不遜な印象です。

また、**グラスにはできれば両手を添えます**。遠くの相手と乾杯をするのに無理をして両手を添える必要はありませんが、近くの人と乾杯する際は両手を添えると、それだけでずっと丁寧な印象になります。

☆場の雰囲気を壊さないお酒の断り方……「お酌のほうが得意なんです」
お酒が飲めない場合は勧められたお酒を断ってかまいませんが、「お酌のほうが得意なんです」などと、場の雰囲気を壊さない断り方をするのが上級マナーです。

SCENE 5

ビジネス 一般

食事のマナー

社会人の常識！知らないでは済まされない「お酌」の作法

★★★

お酌をされたら口をつけてからテーブルに置く

日本人は、相手のグラスが空になるのは失礼にあたるという感覚が広く浸透しています。そのためビールでもお酒でも空になる前にお酌をする傾向にありますが、ビールに関しては味が落ちるとして注ぎ足すことに抵抗を示す人もいるので注意が必要です。

日本酒では、**お酌をされたら必ず口をつけてからテーブルに置きます**。また、**お酌を受ける時は基本的には飲み干してから**盃を差し出します。もし飲み干せないままお酌を受ける場合は「失礼します」と一言断ってからいただきます。

★★★

パーティーでは女性はお酌をしないのが常識

居酒屋などでは女性が男性にお酌をするシーンをよく見かけますが、**パーティーやレストランなどでは、お酒を注ぐのは男性の役目**になります。

女性から男性へお酌はしないのが常識ですので気をつけましょう。

お酌をする時はラベルが見えるように両手を添えると丁寧

お酌は両手で行なうのが基本です。お酌をする時は、**右手でビール瓶やお銚子《ちょうし》のなかほどを持ち、左手で瓶やお銚子の底を支えます。**この時、お銚子の首部分を持たないよう注意します。

ビール瓶は、**ラベルが上になるよう瓶の向きを調整**して持つとより上品です。

お酌をされる側も両手で

お酌を受ける時も、やはりグラスやおちょこは両手で持ちます。右手でグラスのなかほどを持ち、左手は底を支えるよう添えると上品な印象です。グラスはお酒を注ぎやすいようやや持ち上げます。

宴会も中盤以降は、次々とお酌をされると飲むほうも大変ですので、お酌をする際には「いかがですか」の一言を添えるようにします。

ワインはなみなみと注がない

ワインは香りを楽しむためにも、グラスになみなみとは注ぎません。注ぐ量はグラスの四分の一、多くても半分程度にとどめます。

☆自分のグラスが空になったら、まず周りの人に飲み物を勧めます

自分のグラスが空になってしまったら、周りの人にお酒を勧めてみましょう。日本にはお酌をされたらお酌を返すという習慣があるので、これで手酌をしなくても済みます。

SCENE 5

ビジネス

一般

食事のマナー

席次の基本は「出入口から一番遠い席が上座」

基本を押さえて臨機応変に

目上の人から順番に良い席に座っていただくのが席次の基本です。

最も良い席が上座《かみざ》、最も目下の人が座る席が下座《しもざ》です。

上座がどこになるかは、会場の間取りなどで異なりますが、**出入口から一番遠い席を上座とするのが原則**です。

上座がわかりにくい部屋では、事前にお店の人に確認をしておくと間違いがありません。

また、本来は上座にあたる席でも、狭い、座りにくいなどの理由がある場合や、目上の人に特別な希望がある場合などは臨機応変に対応します。

仕事関係の席では、上役から順に、地位が同等の人同士では年齢順に、夫人同伴なら妻は夫の席次に準じて席に着きます。

和食店での席次は床の間が基準

和室でも出入口から一番遠いところを上座とするのが原則です。

床の間《とこのま》や飾り棚の前が上座、出入口の近く

和室での席次

※①から順に上座→下座

[基本]

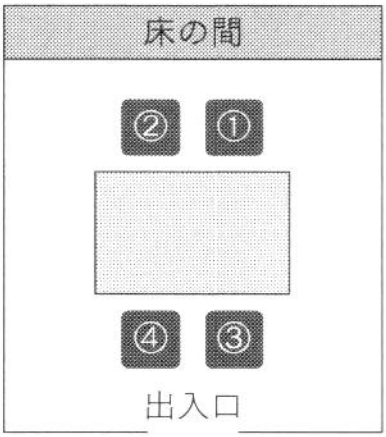

床の間の前、出入口から
一番遠い席が上座

[宴会・身内同士]

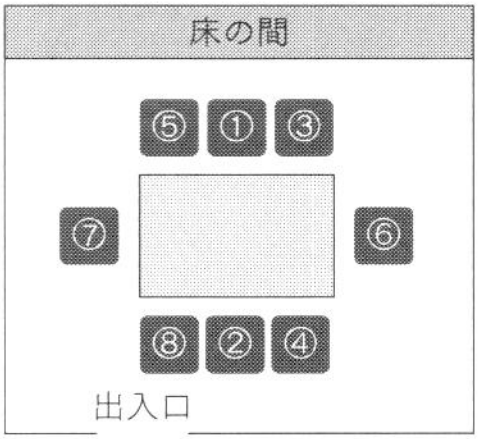

最も入口に近い⑧が最下座

[会食・身内同士]

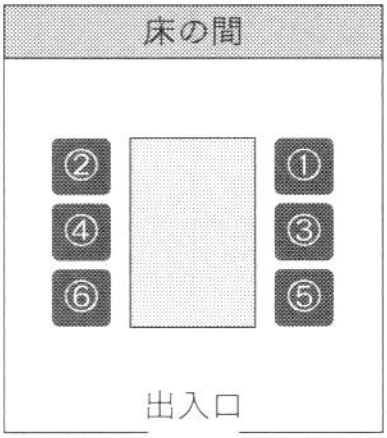

床の間から見て左が最上座

[宴会・接待]

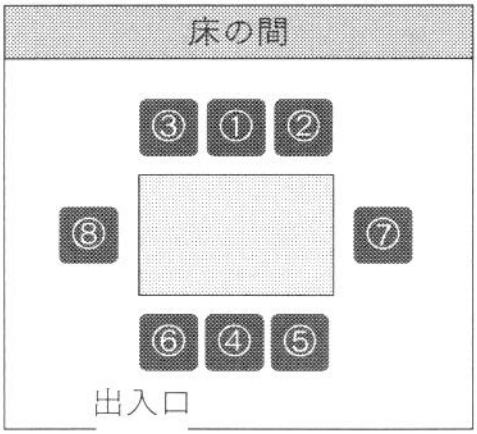

料理から遠く狭い⑦, ⑧が下座

[会食・接待]

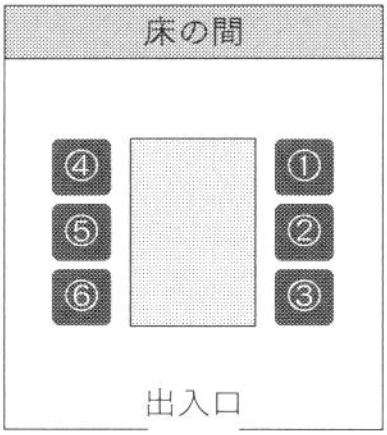

接待では同じ会社ごとに
並んで座る

が下座です。

ただし、**長いテーブルなどの場合は、中央の席が上座**になります。

また、接待では、同じ会社の人同士が並んで座るのが原則です。そのため、席次は、同じ職場の人同士の食事の場合と接待の場合とでは前頁の図のように異なります。

★★★

レストランでの席次は窓の外の景色でも変わります

レストランでも出入口から一番遠いところが上座です。

ただし、窓の外の景色や夜景が自慢のレストランでは、一番眺望が良い席が上座になります。

また、椅子の種類がひとつずつ違うレスト

レストランの席次

※①から順に上座→下座

出入口から一番遠い席が上座

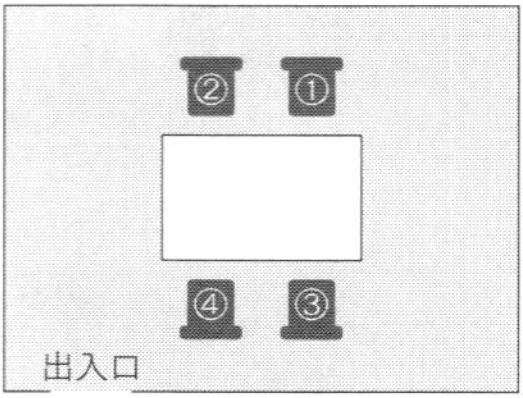

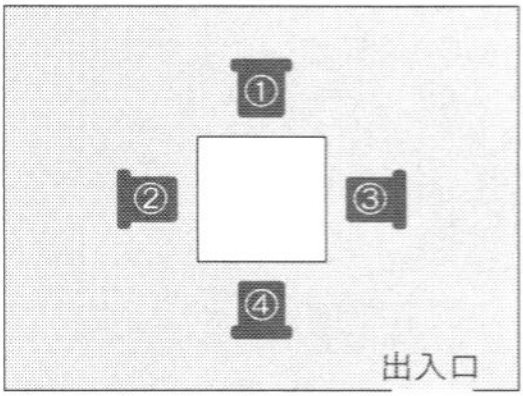

①の席の後ろに大きな窓が配されている場合などは④の席が最上座になる

ランの場合は、一番上等な椅子の席が上座となることもあります。

★★★

中華料理店の席次は上座の左が次席、右が三番目に良い席

中華料理店でもやはり、出入口から一番遠い席が上座です。次席は上座の左側、その次は上座の右側となります。下座はやはり出入口から一番近い上座の真向かいの席です。

接待では、同じ会社の人同士が並んで座るよう、上座側半分にお客様、下座側半分に身内となるよう席を考えます。

中華料理店の席次

※①から順に上座→下座

出入口から一番遠い席が最上座。出入口に一番近い席が最下座。接待の時は会社ごとに並んで座る

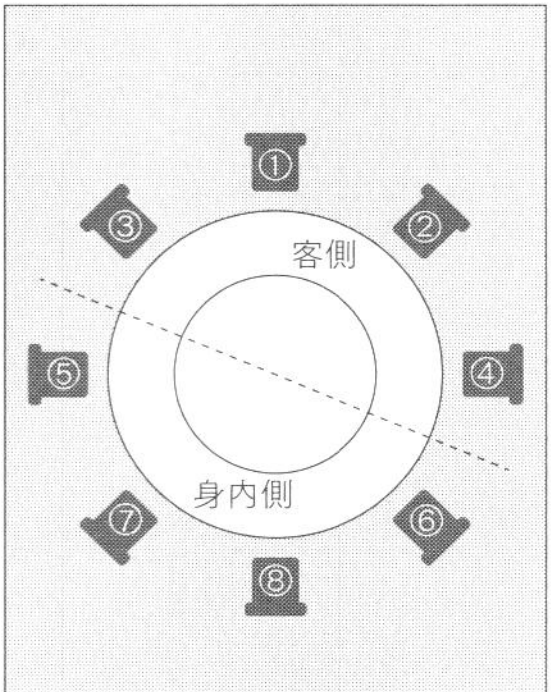

☆お寿司屋さんのカウンター席での上座は板長さんの前

お寿司屋さんのカウンター席の場合、板長さんの前の席が上座です。お客様一人と身内二人で座る場合は、板長さんの前にお客様、お客様を挟む形で身内、というのが正解です。

SCENE 5

食事のマナー

ビジネス

一般

箸を正しく扱い美しい所作で食べるコツ

★★★

箸はまず右手で取り上げる

一番初めの所作が美しければ、全体の印象は格段に良くなります。

食べ始めの最初の動作はおそらく箸の持ち上げでしょう。流れるような動きで箸を取るのがポイントです。

箸は右手で取り上げ、左手で下から支えながら、右手を横から下へ滑《すべ》らせるように持ち替えます。

箸を置く時は逆の動きをします。

★★★

正しい箸の割り方・箸袋の使い方

割り箸を割る時、多くの人は割り箸を縦に持って左右に割っているのではないでしょうか。**割り箸は横に持って上下に割る**のが隣の人の邪魔になる心配もなく、所作も上品に映ります。また、食べ終わったあとは、箸袋に箸先の三分の一ほどを入れ、箸袋の先を折り返しておくと、使用済みの箸先を覆えて食べ終わったあとも綺麗な印象です。

箸置きがない場合は、小皿の縁などに箸先を掛けてもかまいませんが、**器の上に箸を渡**

す**「渡し箸」はマナー違反**になります。

★★★ やってはいけない箸使い

箸使いにはタブーがいくつかあります。下図の主なもののほかに、以下のような箸使いもやってはいけません。無意識にやってしまわないよう普段から注意しましょう。

ねぶり箸：箸先を舐める
指し箸：箸で人や物を指す
迷い箸：箸をウロウロさせる
立て箸：ご飯に箸を立てる
箸渡し：箸と箸で食べ物を渡し合う

☆箸置きがない場合は箸袋で簡易箸置きを作るとポイントアップ

箸置きがない場合は簡易箸置きを作って使うと素敵な印象です。箸袋を千代結びにしたものや、三分の一ほどにたたんだものに山型に折り目をつけたもので良いでしょう。

正しい箸の割り方

[手前から見る]

右手で箸の中央を持ち上げ、左手を下から添える

[正面から見る]

上下に割る

主な忌み箸

[刺し箸]

食べ物に箸を突き刺して食べる

[涙箸]

箸から汁をポタポタ落とす

[寄せ箸]

箸で器をひっかけて動かす

[渡し箸]

箸置き代わりに器に箸を渡す

SCENE 5

ビジネス

一般

食事のマナー

食べる姿が美しく見える和の器の扱い方

★★★

器は「両手で横から」持ち上げる

和食は器を持ち上げる機会が多いため、**両手を使って持ち上げる**、ただそれだけで、食べる姿の美しさが全く変わります。

器を片手で上から掴んで持ち上げたり、縁《ふち》に手をかけて引きずったりするのは下品なしぐさです。

★★★

器を持ち上げてから箸を持つ。順番を守るだけで所作が美しく

箸を先に持ってから器を取るか、器を取ってから箸を取るかは、あまり気にしていない人が多いかもしれません。

しかし、箸と器を持つ順番を守ると、食べる所作が格段に上品になります。

まず、**器は両手で持ち上げてから片手に移し、利き手で箸を手に取ります。**

次に、**箸先を左手の薬指と小指の間で支えながら右手を箸に沿って横に滑らせて箸を持ち替えます。**

このように、**器を持ち上げる時、箸はいったん置くのが鉄則**です。器は両手で持ち上げるという基本を考えれば迷わずに済みます。

別な器に持ち替える時も、やはり一度箸を置いて、持っている器を両手で置いたあとに、別な器をやはり両手で持ち上げ、先ほどと同じ手順で箸を持ち替えます。

★★★ 和食でも、てのひら以上の皿は持ち上げない

和食は持ち上げて食べる器が多いですが、大鉢《おおばち》や焼き魚、煮魚が盛られた平皿《ひらざら》、天ぷらやお刺身が盛られた皿は持ち上げません。**お重やどんぶり以外の、てのひら以上の大きさの器は持ち上げない**のが基本です。

★★★ 茶碗を持つ時は親指は縁に、残りの指で糸底を支える

茶碗は、親指は縁に軽く掛け、残り４本の指で糸底《いとぞこ》を支えるのが正式な持ち方です。

また、ごはんのお代わりをした際、受け取ったお茶碗は、めんどうでもいったん置きます。

受け取ったごはんをすぐに食べるのは、いかにもガツガツしており、はしたない印象です。

★★★ 器のふたは裏返して置き、食べ終わったらふたをする

汁物や蒸し物などのふたは、右側にある料理のふたは膳の右側へ、左側にある料理のふたは膳の左側へ置くのが基本です。

右側のふたは右手で、左側のふたは左手で取って、反対側の手を添えながら裏返して置きます。

ふたを置く時は、ふたの内側についたしずくがテーブルやお膳の上に落ちないよう気をつけましょう。

料理を食べ終えたら、ふたをしてもとの形に戻します。

ふたを裏返したまま椀に重ねる人がいますが、裏返して置くと塗りが傷つく心配があるため、必ずもとの形でふたをします。

★★★

お椀上部に力を加えるとどんなふたもすんなり開く

温かい汁物のお椀などは、ふたがすんなり開かないこともあります。そんな時は、下図のふたつの方法を試すと良いでしょう。

ひとつ目は、下図の方法その1のように、**左手でお椀を支えながら、右手でふたの糸底**

開けにくい汁物のふたの開け方

［方法その2］

右手でお椀をしっかりおさえて、左手でお椀の上部に力を加える

［方法その1］

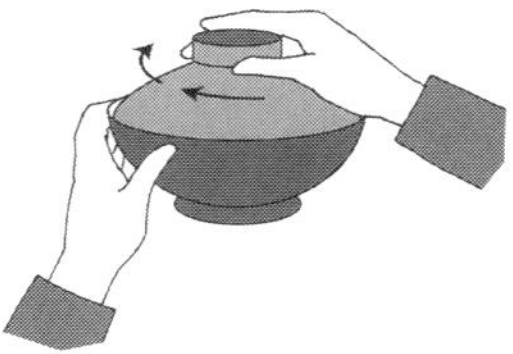

左手でお椀を支えながら、右手でふたを回し開ける

をつまみ、ふたを「の」の字にずらすイメージでゆっくり回す方法です。

それでもふたが開かない場合は、方法その2のように、**右手でお椀をしっかり支えながら、左手でお椀の上部に圧力をかけ、空気が入る隙間をつくります。**これでたいていのふたを開けることができます。

★★★ 食べ終わった皿は重ねない

和食の器には繊細なつくりのものもあるため、重ねるだけで傷つけてしまう心配もあります。

食堂などでは配膳の人の手間を考えて食べ終わった皿を重ねておくのは親切かもしれませんが、**改まった席では食べ終わったお皿はそのままにしておくのが正式なマナー**です。

★★★ 汁が落ちそうなものを食べる時は椀のふたを添えて

汁が落ちそうな料理を食べる時に左手で受け皿を作るという動作をよく見かけますが、これはマナー違反です。

汁が落ちそうなものは**お椀ごと持ち上げて食べる**か、大きな皿に盛られている場合は**小皿やお椀のふたを添えるのが正式なマナー**です。

☆懐石料理は簡素な料理、会席料理は上等な料理です

懐石料理は本来、茶会の席で出された料理を指しました。一汁三菜を基本にした簡素な料理が基本です。一方、会席料理は酒席などで出される上等な料理を指します。

SCENE 5

ビジネス

一般

食事のマナー

和食は作り手の考えた順序に沿って食べ進めるのが大人の流儀

★★★

料理は左側から順に、温かいものは温かいうちに

和食では食べる順序に厳格な決まりはありませんが、**左側から順に食べていくとよい**ように料理が配置されている場合が多いようです。

温かいものは温かいうちに、ひと皿ずつ順番に食べていきます。汁物やごはんはひと口ずつ交互に食べます。

いずれも作り手が考えた順序になるべく沿って食べ進めるのが、食べる側のマナーです。

★★★

刺身は淡白なものから。わからない時は左、右、奥の順に

刺身は食べたいものから食べてもちろんかまいませんが、できれば**味の淡白なものから濃いものへ**という順番で食べるとよいとされています。刺身は左、右、奥の順番に淡白なものから濃いものへと配置してある場合が多いため、**わからない時は左、右、奥の順番に食べる**とよいでしょう。

また、舟盛りの場合は手前から順番に食べると、美しく食べ進めることができます。

★★★ 刺身のツマ、焼き魚の「はじかみ」はお口直し

刺身のツマや大葉、焼き魚についてくるはじかみ（しょうが）は次の料理と味が混ざらないよう口直しするためのものです。残してもかまいませんが、最後に食べると口の中がさっぱりします。また、はじかみは手でつままずに箸で食べます。

★★★ 天ぷらは手前から順に、エビや野菜はかじりついてOK

天ぷらも刺身と同じように淡白なものから濃いものへと食べ進めるのが基本です。**天ぷらの場合は、食べてほしい順番に盛りつけてあるので、手前から順**に食べ進めます。

天つゆがぽたぽた落ちるのは見苦しいため、天つゆの器は持ち上げて食べます。大根おろしなどの薬味が添えられている場合は、食べる前に天つゆに入れてかまいません。

また、和食では食べ物をひと口大に箸で切ってから口へ運ぶのが基本ですが、天ぷらのエビや野菜などは箸で切るのが難しいため、そのまま口に運んでも問題ありません。

ただし、**かじりかけの天ぷらは皿へ戻さないのがマナー**です。

☆おつけものはごはんと一緒にいただきます

おつけものは基本的にごはんと一緒に食べるものです。お膳の上に最初から出ている場合も、ごはんに箸をつける前におしんこを食べきってしまわないようにします。

SCENE 5

ビジネス　一般　食事のマナー

焼き魚は左から、串物は外して……。和食の上品な食べ方

★★★

焼き魚の骨は取って皿の向こう側へ

焼き魚をきれいに食べられればそれだけで上品な印象になります。

切り身の場合は左側から順番に食べます。尾頭《おかしら》付きでは左図のように、**①左側から順に身を食べ、上身を食べ終えたら、②魚の頭を左手で押さえながら箸で中骨を外し、③中骨は皿の向こう側に置き、下身を食べます。**汚れた指先は懐紙やナプキンでふきましょう。

魚を裏返して食べたり、汚れた指先をなめるのはタブーです。口の中に入ってしまった小骨を出す時は箸で取り出します。この時、口元はナプキンや手で覆《おお》うのがスマートです。

最後に、いかにも食べ散らかしたようなお皿にならないよう、骨や皮、食べ残しなどは端のほうへ寄せて置いておくのが大人の気遣いです。

★★★

串物は串から外して食べる

居酒屋のようなくだけた席では焼き鳥などの串物は直接、かぶりついたほうがおいしい

ですが、**正式な席ではやはり串から外していただくのが上品**です。串を左手で押さえながら、箸で串から外します。汚れた指は懐紙かナプキンでぬぐいます。

★★★ 寿司は箸でも手でもお好みで

寿司は箸で食べるか手で食べるか迷う人が多いでしょう。

寿司屋のカウンターならば手で食べるのも粋ですが、改まった和食店の座敷では箸で食べたほうが上品に映ります。どちらが間違いということはないので、状況に合わせて決めましょう。

☆寿司屋では「おまかせ」ではなく「おきまり」を頼むのが安全

品書きのないお寿司屋さんでは一定の値段で調整してくれる「おきまり」を頼むのが安心です。よく聞く「おまかせ」は高額になる可能性が高いので、懐具合と相談しましょう。

焼き魚の食べ方

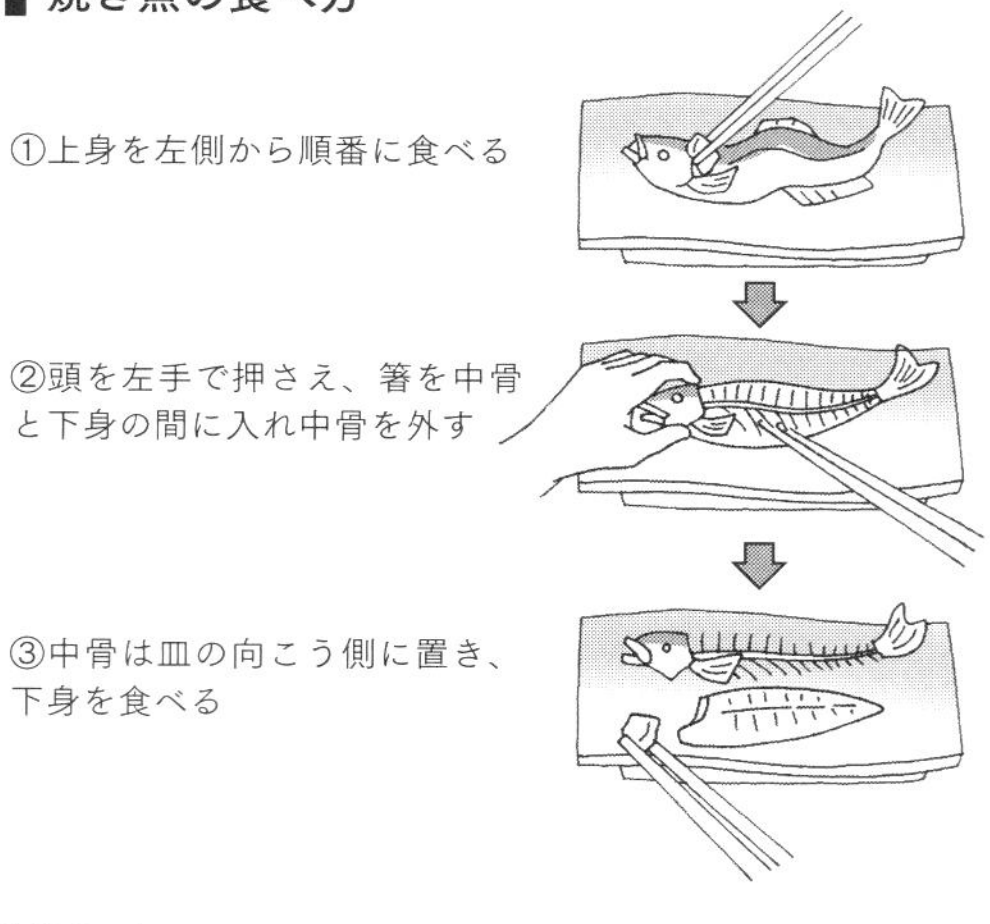

①上身を左側から順番に食べる
②頭を左手で押さえ、箸を中骨と下身の間に入れ中骨を外す
③中骨は皿の向こう側に置き、下身を食べる

SCENE 5

ビジネス

一般

食事のマナー

知らずにやっていませんか？こんなにある和食のタブー

★★★

わさびは醤油に溶かない

わさびは醤油に混ぜると風味が飛んでしまうため、醤油に溶くのは控えます。

刺身を食べる時は**箸でわさびを少し取り、刺身の上に載せてから刺身に醤油をつけます。**

わさびをまず醤油に溶かしてしまうという人は多いでしょうが、わさびと醤油は別々に使うほうが、魚のおいしさを味わえます。穂《ほ》紫蘇《じそ》が添えられている場合は、好みで醤油皿にほぐし入れます。

★★★

鍋は勝手にかき混ぜない

お店で出される鍋料理は、ひと目でどこにどんな具材があるのかわかるよう彩り良く配置されていますから、**勝手にかき混ぜてはいけません。**

むやみにかき混ぜると、どこにどの具材があるかわからなくなり、豆腐などの崩れやすい食材はボロボロになってしまいます。

また、直箸《じかばし》を敬遠して箸を逆さにして取ろうとする人がいますが、これは**逆さ箸**といって忌《い》み箸のひとつです。

直箸に抵抗がある場合は、お店の人に取り分け用の箸やお玉を頼みます。

★★★ そばは音をたててすすらない

そばは音をたててすするほうがおいしそうで、見ていて気持ちが良いものです。ただし、それはそば屋での話。ある程度改まった席では、**あまり音をたてずにそばを食べる**のが無難でしょう。

★★★ たくあんには歯形を残さない

ひと口で食べられないものは箸で小さく切って食べます。箸では切れず、ひと口でも食べられない食べ物は、しのび食いでかじります。

しのび食いとは、ちょっとずつかじって歯形をなるべく残さないように食べる作法です。

歯形が残りやすいたくあんやかまぼこなどはしのび食いで食べ進めると上品です。

★★★ お茶漬けはかき混ぜない

お茶漬けをかき混ぜるとせっかくの風味が台無しになるだけでなく、見た目にも汚くなります。お茶漬けはかき混ぜずに**手前から少しずつ崩しながら**食べ進めます。

☆料理をまんなかから食べる「畜生食い」はタブーです

料理は端から順番に食べ進めるのが正式なマナーです。料理に器のまんなかから手をつけるのは「畜生食い」と言って、タブーとされているので気をつけましょう。

SCENE 5

ビジネス

一般

食事のマナー

格式あるレストランのドレスコードは「ドレッシーさ」と「清潔感」がポイント

★★★

ドレスコードで気をつけるべきは女性より男性

日本国内の場合は、厳格なドレスコードがあるレストランはそれほど多くはありませんが、改まったお店に行く場合は、ドレスコードの有無を事前に確認しておきましょう。

日本国内のドレスコードの多くは主に男性の装いに関して制限を設けています。たとえば**「ジャケット着用」**などという規定は男性に対してのもので、女性にまでジャケット着用を求めているわけではありません。

女性の装いはワンピースが基本です。ツーピースになる場合もドレッシーな装いになるようコーディネートします。

女性は男性のドレスコードに合わせておしゃれを楽しむのがマナーです。

★★★

グランメゾンではドレッシーな装いを。男性はスーツが基本

一般にグランメゾンと呼ばれる**三ツ星クラスのレストランに行く際は、男性はスーツにネクタイ、女性はドレッシーなワンピースが基本**です。

また、忘れがちなのが靴への配慮です。装いとレストランに合わせたシックな革の靴が適しています。

★★★
「ジャケット着用」では、エレガントなジャケットスタイルをチョイス

厳格なドレスコードはないけれど、**ジャケット着用**を明示しているお店もあります。その場合、**男性はジャケットが必須**です。**スーツスタイルが無難**ですが、ジャケットスタイルで行く場合はカジュアルな色や素材のものよりエレガントで改まった雰囲気のジャケットを選びます。

☆デートの時は、女性の服装に男性の服装のランクを合わせる
男性がスーツなのに女性がカジュアルなスタイル、というのでは女性に恥をかかせてしまいます。デートでは、男性の服装を女性の服装の格に合わせるのが紳士的です。

★★★
「カジュアル」なレストランでは「清潔感」がポイント

ドレスコードに**「カジュアル」**などと記載がある場合は、ジャケットに綿パンツなど、清潔感ある服装を心がけます。

特別なドレスコードがない場合も、改まったレストランでは、ジーンズやTシャツ、短パンやビーチサンダルなどでは、本人はもちろん同行者も居心地の悪い思いをすることになりかねません。

せっかくの料理を楽しむためにも、「晴れ」の装いを楽しんで出掛けましょう。

SCENE 5

ビジネス

一般

食事のマナー

レストランでは国際的に通用する大人のマナーを意識する

★★★

立つ時も座る時も椅子の左側から

レストランでは、ウェイターの案内で席に着きます。ウェイターが椅子を引いてくれますので、それに合わせて着席します。この時気をつけたいのは、椅子の「左側」から座ることです。**立つ時も、座る時も椅子の左側から、というのが国際的なマナー**になります。

着席後、テーブルとの距離が気になれば自分で椅子の位置を調整します。テーブルとの距離は、こぶし二つ分ほどになる位がおおよその目安です。

席についたら、背もたれに寄りかかったり脚を組んだり、肘をついたりしないよう気をつけます。

ウェイターに案内された席が気に入らなければ、注文の前に席の移動を申し出ます。

★★★

注文方法はコースかアラカルト

レストランでの注文では、まず最初にコース料理かアラカルトかを選択します。

コース料理は店によりさまざまですが、いわゆる**フルコース**とは、前菜からメインまでおおよそ10品目で構成されたコース料理です。また、最近では**プリフィクス**というコース料理を設定しているお店もあります。プリフィクスとは、前菜からメインまでそれぞれ数種類の中から選択してオリジナルのコースを作ることができるものです。

アラカルトは、メニューから好きなものを選んで注文する形式です。

ウェイターを呼ぶ時は、声を上げずに手を軽く上げます。指を鳴らしたり、大きな声を出すのは無粋です。

★★★
ナプキンは折り目を手前にふたつ折りで膝に置く

ナプキンは料理の注文が終わってから、最初の料理が運ばれる前に膝に広げます。

ナプキンは下図のように半分に、または手

中座の合図

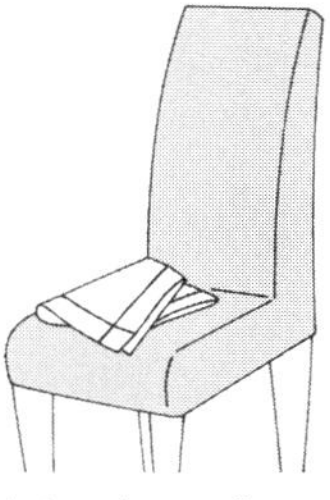

中座する時はナプキンを軽くたたんで椅子の上に置く

ナプキンの使い方

二つ折り（もしくは手前三分の一ほどで折る）にして、輪になった部分が手前に来るよう膝に載せる

前三分の一ほどを二つに折って膝に載せます。その時、輪になった部分が手前に来るようにします。

また、食事の途中で手や口などを拭う時は、相手から見えない裏側を使うようにすると使用後の汚れが人の目に入らずに済みます。ナプキンを汚すのをためらって自分のハンカチなどを使うのはタブーです。

★★★

食事後、ナプキンは軽くたたんでテーブルの上に置くのが正解

食事後、ナプキンは軽くたたんでテーブルの上に置きます。きっちりたたむのは「おいしくなかった」という意思表示になるので避けますが、ぐちゃぐちゃに置いておくのも無作法です。

食事中は中座しないのがマナーですが、**やむなく席を立つ時は、前頁左の図のようにナプキンを軽くたたんで椅子の上に置く**のが中座の合図になります。

★★★

料理をシェアしたい時は事前に取り分けてもらう

同席の友人などと料理をシェアしたい場合は、注文時にウェイターに相談するようにしましょう。

シェアNGでなければ取り皿を用意してくれたり、事前に取り分けるなど配慮をしてくれます。

レストランでは、基本的に人のお皿には触れないのがマナーです。勝手にお皿を交換したり、人の皿に手を伸ばしてつまんだりする

のはマナー違反のため控えます。

同席者が食べきれなかった料理を食べるような場合は、ウェイターに相談して別のお皿に取り分けてもらうなどします。

グラスについた口紅は指でぬぐう

食事の際、口紅はティッシュで軽く押さえておくか、食器につかないタイプのものを使う配慮が必要です。それでもグラスやカップに口紅がついてしまうことがあります。

口紅のあとをそのままにしておくのはいかにも品がないので、**グラスについた口紅は指でそっとぬぐいます。**


指先についた口紅は、ナプキンの裏側やティッシュなどでふき取ります。指先をふき取るのはテーブルの下などでそっと行ないます。

テーブルの上に物は置かない

テーブルクロスの上には直にパンなどを置くこともあるため、バッグや携帯電話などの物は置きません。大きなバッグやコートはあらかじめクロークに預け、小さなバッグは背中と背もたれの間に置きます。バッグから物を取り出す時も膝の上で行ない、テーブルには載せません。

☆食べるのは料理が全員に届いてから。ペースはメインゲストに合わせます
フルコースにせよ、アラカルトにせよ、料理は同席者全員に運ばれてから食べ始めるのがマナーです。また、食べるペースはメインゲストに合わせます。

SCENE 5

ビジネス　一般

食事のマナー

正しいカトラリーの扱い方は知らないと恥ずかしい

★★★

カトラリーは外側から順に。使わないものがあっても気にしない

フルコースの場合、**カトラリーは外側から順番に使う**よう並べてあります。

お皿の向こう側にセッティングされているのは、デザート用のカトラリーです。ナイフとフォークはペアで使うようにセットされていますが、フォークだけで食べられるものはフォークだけで食べてかまいません。**使わなかったナイフはそのまま**置いておいて問題ありません。

★★★

ナイフとフォークは食事中はハの字、食後は右側にそろえて

左図のように、ナイフとフォークは**お皿にハの字に置けば食事中、そろえて置けば食事が終わったことの合図**になります。

食事中にハの字に置く際は、先端が重ならないように置きます。

食事が終わりお皿を下げてほしい時は外側にナイフ、内側にフォークを斜めにそろえて置きましょう。その時、ナイフの刃先は自分のほうへ向くように置きます。

いずれの場合も、ナイフとフォークはレイプレート（料理の載ったお皿の下に重ねて敷いてあるお皿）の上ではなく、料理の載ったお皿の上に置きます。

★★★

フォークレストがあればひと皿ごとにフォークレストへ

フォークレストがテーブルにある場合は、ひと組のナイフとフォークで食事を済ませる場合が多いため、**食べ終わったナイフとフォークは皿の上ではなくフォークレストの上に**戻しておきます。

　フォークレストはたいてい右側にセッティングされているので、ナイフが右側、フォークが左側になるよう置きます。その時、**ナイフの刃は内側、フォークの先は下を向くよう**

ナイフとフォークの置き方

［食後］

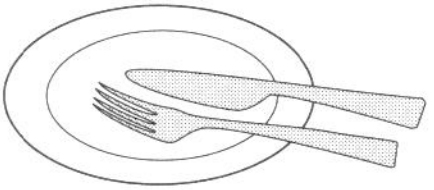

そろえて置けば食事が終わったことの合図。フォークを内側に、ナイフは刃先を自分のほうに向けて外側に置く

［食事中］

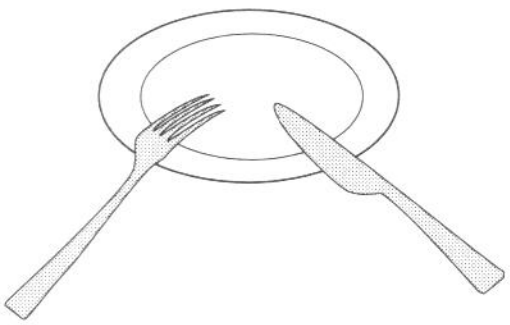

お皿にハの字に置けば食事中の合図。ナイフとフォークの先端は重ならないように置く

に置きます。

★★★
ごはんはフォークの背に載せても腹に載せても、どちらでもOK

ごはんなどをフォークの背に載せて食べるのが正式だと思っている人は多いようですが、どちらが正式ということはないので、食べやすいほうで食べるとよいでしょう。

背に載せるのはイギリス式、腹に載せるのはフランス式とされています。

★★★
フォークの持ち替えは×。カジュアルなお店に限り△

カトラリーは右手にナイフ、左手にフォークが基本です。

ごはんを食べる時は、右手に持ったナイフを使って左手に持ったフォークにごはんを載せますが、慣れない左手のフォークでは、ごはんがこぼれてうまく食べられないこともあります。

ごはんに限らず、ボロボロとこぼしながら食べるくらいであれば、いさぎよくあきらめてナイフを置き、フォークを右手に持ち替えて食べてかまいません。

ただし、フォークの持ち替えをして良いのは比較的カジュアルなレストランまでです。

格式の高いレストランではフォークの持ち替えは良くないマナーとされます。

★★★
パスタをスプーンの上でクルクルするのは日本人だけ

パスタを注文すると、日本ではフォークと

一緒にスプーンが用意されることがあります。

その場合、スプーンは、フォークに麺を絡ませる土台として使いますが、パスタの本場イタリアでは、パスタを食べる際にスプーンは使いません。

スプーンの上でパスタをクルクルと絡ませる様はいかにも上級マナーのように見えますが、これは**日本だけの習慣**です。

スプーンが添えられている場合は使用してかまいませんが、スプーンが添えられていない場合はフォークだけで食べます。

☆**ワインを注いでもらう時、グラスは持ち上げません**

お酌をされる時、つい習慣でグラスを持ち上げてしまうという人もいるかもしれませんが、ワインを注いでもらう際はグラスを持ち上げないのがマナーです。

★★★

落とした食器を自分で拾うのはマナー違反

食器を落としたりワインをこぼしたりした場合は、同席者に「失礼しました」などと一言声を掛けてから、**お店の人を呼んで片づけてもらいます。**

申し訳なさから自分で食器を拾ったり、テーブルの上をふいたりしたくなりますが、処理はすべてお店の人に任せましょう。

処理してもらったあとにきちんと「ありがとう」と伝えるだけで十分気持ちは伝わります。

SCENE 5

ビジネス

一般

食事のマナー

覚えておきたい正しい洋食の食べ方

洋食ではお皿は持ち上げない

和食はお皿を持ち上げて食べるものが多いですが、**洋食ではお皿を持ち上げて食べるのはマナー違反**になります。スープ皿だけは食器を持ち上げてかまいませんが、それでも軽く傾ける程度で完全には持ち上げません。

スープは手前から奥にすくう

スープは音を立ててすすらない、というのは有名なマナーですが、スプーンの動かし方にもルールがあります。

スプーンは左図のように手前から奥に向け動かしてスープをすくいます。すくいにくい量になったらスープ皿の手前を少しだけ持ち上げてすくいます。

熱いスープを**フーフーと息を吹きかけ冷ましたり、すくいきれなかったスープがもったいないとパンを浸《ひた》して食べたり、スプーンと食器でカチャカチャと音を立てたりするのはマナー違反**です。

姿勢も重要です。

スープがぽたぽたと落ちるのが気がかりで極端に前のめりになったり、体を屈めたりするのは品のある食べ方とはいえません。スープを飲む時は、なるべく背筋を伸ばした姿勢を保ちます。

飲み終えたらスプーンは裏返して、受け皿かスープ皿の中に置いておきます。

★★★

パン皿がない時はテーブルの上にパンを置く

パンは自分の左側に置くのが基本です。そのためパン皿は左側にセッティングされているものを使います。パン皿がない場合はテーブルクロスの上に直に置きます。

★★★

パンはひと口ずつちぎって食べる

パンはスープが出たタイミングでひと口大に手でちぎって口へ運びます。

スープの飲み方

スプーンは手前から奥に向かって動かしてスープをすくう

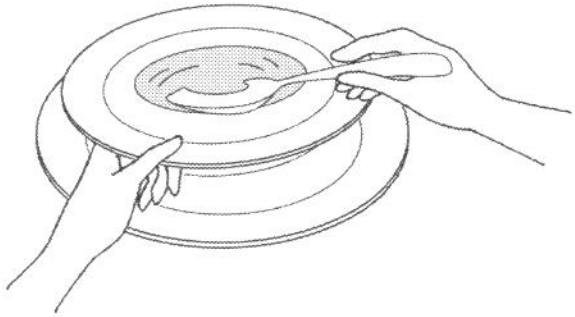

すくいにくい量になってきたらスープ皿の手前を少しだけ持ち上げてすくう

かじりついたりはしませんし、両手にパンを持った状態で食べたりもしません。ちぎったあとの残りのパンはパン皿に戻します。

グリッシーニはポリポリかじらずひと口ずつ折って口に運ぶ

イタリアンなどでよく見かけるグリッシーニは、その細長い形状を見るとポリポリとかじって食べたくなります。

カジュアルなお店ならそれもかまいませんが、改まったお店では**グリッシーニも手でひと口大に折って**口へ運びます。

フォーマルなお店ではピザもナイフとフォークで食べる

カジュアルなお店では、ピザなどを手で食べても問題ありませんが、格式の高いイタリアンレストランでは**ピザも手を使わずに、ナイフとフォークで**左から順にひと口大に切って食べます。

フィンガーボウルは片手ずつ指先を入れるもの

殻つきのエビなど手を使って食べる料理では、フィンガーボウルが一緒に出されることがあります。

フィンガーボウルは小さな器に水が入ったもので、指先をすすぐためにあります。

フィンガーボウルが用意されていれば、汚れた指先を片手ずつ入れて汚れを落とします。指についた水滴はナプキンでそっとぬぐいます。

香りや色がついた液体が入っている場合もあるので、間違って飲まないように気をつけましょう。

貝類、殻付きのエビは手を使って食べてOK

殻付きのエビ、貝類など、**ナイフとフォークでは食べにくいものは手を使って食べましょう。**

貝類は手でつまみ、フォークで身を取り出します。

エビは尾をフォークで押さえて身を切り離すか、手で殻をむきます。

フィンガーボウルが出ていれば、手で食べても良いという合図です。

手を使って食べてもいいのか迷った時は、フィンガーボウルを目安にすると失敗がありません。

串付き料理は串から外して食べる

洋食でも肉や野菜などが串付きで供されることがあります。

その場合は、串を持って直接かぶりつくのではなく、やはり、ひとつずつ串から外していただきます。

☆野菜は全部まとめて先にカットしてOK

サラダなどの野菜類は、肉などと違って先にカットすると味が落ちるわけではありません。そのため、先にまとめてひと口大にカットしてから食べてかまいません。

SCENE 5

ビジネス

一般

食事のマナー

覚えておきたい正しい洋食の食べ方〈メイン料理編〉

★★★

魚の骨はナイフとフォークで外す

洋食で骨付きの魚を食べる際は、ナイフとフォークで骨を外します。上身を食べ終え下身を食べる時は、和食と同様、**魚を裏返したりはしません。**

頭付きの魚を食べる手順は左下図のとおりです。**①なか骨に沿ってナイフを入れ、②上身の上半分を皿の下のスペースに移して食べ、続いて下半分も同じように下のスペースに移して食べます。③なか骨と身の間にナイフを入れてなか骨を外し、頭と骨は皿の上部分のスペースに置き、下身を食べます。**

★★★

肉はひと口ずつ切って食べる

大きなお肉は**左側からひと口ずつ切って**食べます。

温かいものはなるべく温かいうちに、おいしく食べるのが一番大切なマナーです。最初に全部切ってから食べるのは、肉が冷めやすくなるうえ、肉汁が出てしまい、おいしさが損なわれるためいけません。

チキンなどの骨付き肉も基本的にはナイフとフォークで切り取って食べます。骨の部分をフォークで押さえ、骨に沿ってナイフを入れるときれいに肉が取れます。ただし、骨に飾りの紙が巻かれて持ちやすくなっていれば、その部分を手で持ってかまいません。

★★★
ソーススプーンがあればソースも味わう料理のサイン

ソースがたっぷりかかった料理では、ナイフとフォークのほかにソーススプーンがセッティングされていることがあります。**ソースは、スープと同じように手前から奥へ向かってすくいます。**パンがある場合は、パンにつけて食べても良いでしょう。

☆**アイスクリームについているウエハースはアイスと交互に食べるもの**

アイスクリームについてくるウエハースはアイスクリームで口のなかが冷えすぎないように添えられているもの。ウエハースはアイスクリームと交互に食べるのが正解です。

魚料理の食べ方

①なか骨に沿ってナイフを入れる

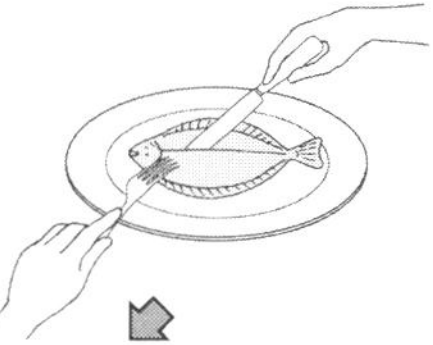

②半分を皿の下のスペースに移して食べる。下半分も同様に食べる

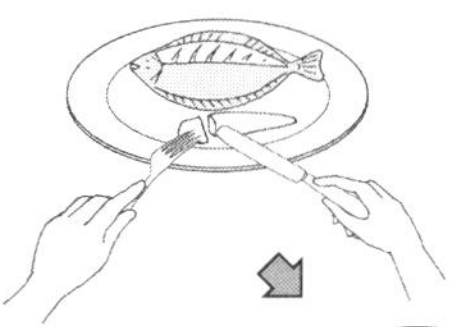

③骨と身の間にナイフを入れてなか骨を外し、身を食べる。頭と骨は皿の上のスペースに置く

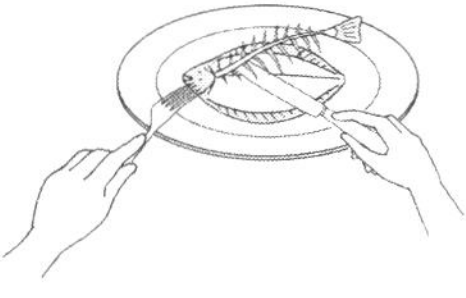

SCENE 5

ビジネス

一般

食事のマナー

中華料理の基本マナー〈ターンテーブル・器のルール〉

★★★

中華料理の注文は好きな料理を好きな順に頼んでOK

中華料理は、大皿料理をみんなで分け合いながらわいわい食べる格式張らないスタイルが基本なので、それほど気を遣わなくてもよいのが魅力です。

中華料理もコースは**前菜から主菜、デザートという流れが一般的**です。

単品で料理を注文する際も、特にルールはないので食べたいものを好きなように注文してかまいません。

★★★

ターンテーブルは右回りが基本。主賓から順番に料理を取る

中華料理店の卓の中央の**ターンテーブルは、時計回り（右回り）が基本**です。

料理は主賓《しゅひん》から順番に時計回りで取っていきます。ただし、ひと通り回ったあとは、自由にお代わりをしてかまいません。

また、ターンテーブルも右回りに厳格にこだわる必要はなく、自分の食べたい料理がすぐ左にあり、ターンテーブルを右回りさせたのではだいぶ遠いような時は、ターンテーブ

ルを少しだけ左に回して取るほうがスマートです。

ただし、**順番を飛ばして取ったり、順番が回ってきたのになかなか料理を取らずにいるのはマナーに反します。**

★★★

料理は気持ち少なめに。全員に渡るよう配慮して取る

ターンテーブルを回す時は、ほかの人が料理を取っている途中かどうかを必ず確認します。

料理を取る際は、最後の人まで料理がゆき渡るよう、人数分盛られた料理のうちおおよそ一人分を目安に取るようにします。

取った料理は残さず食べるのがマナーですから、気持ち少なめに取るとよいでしょう。

好物だからといってたくさん取るのはマナー違反です。

★★★

ターンテーブルの上に汚れた皿は置かない

ターンテーブルの上に置いていいのは、料理と調味料、使用前の取り皿だけです。

使用済みのお皿や自分のグラスをターンテーブルの上に置くと、料理と一緒に汚れたものもクルクルと回り、不潔な印象を与えてしまいます。

★★★

おいしく食べるためにも取り皿は料理ごとに替えて

取り皿は必ず毎回替えなければいけない、ということではありませんが、料理の味が混

ざらないようになるべく料理ごとに替えていきます。そのため、**中華料理店では、取り皿の追加は遠慮なく**します。

格式の高いお店では何も言わなくても随時使用済みの取り皿は下げ、新しい取り皿を持ってきてくれるはずです。

取り分ける料理が新しい取り皿を使うほどの量ではないけれど、同じ取り皿に入れると味が混ざってしまうようなら、レンゲを取り皿代わりに使う方法もあります。

★★★

使用済みの取り皿は重ねてしまってOK

和食や洋食では皿を重ねるのは厳禁ですが、**中華料理店では皿は重ねてかまいません。**

使用前の取り皿は重ねて置かれていますし、使用済みの取り皿は重ねて邪魔にならないところに置きます。

★★★

料理は座ったまま取るのがマナー

料理は座ったまま取るのが基本です。遠いからといって**立ち上がって取りに行くのはマナー違反**です。

料理が遠い時はターンテーブルを回して料理を近づけます。

★★★

自分の分は自分で取るのが中華料理の醍醐味

食事の際、女性が料理を取り分けるシーンをよく見ますが、中華料理はターンテーブルで料理の位置を移動させられるため、人の料理まで取り分ける必要はありません。

自分の分は自分で取るのが中華料理の楽しみのひとつです。お茶やお酒も基本的には自分で注ぎ足します。

箸は縦に置くと食事中。横に置くと食事終了の合図

本格的な中華料理店では、**箸を横に置くのが食事の終了の合図**になります。そのため、**食事中は箸を縦に**置きます。

ナイフやフォークも食事中ならば縦に置きます。

ただし、日本の中華料理店では日本の習慣に合わせて箸が横にセットされている店もあります。その場合は店の配慮に合わせて箸は横に置きます。

料理を取る時も、食べる時も皿は持ち上げない

中華料理でも、**器は持ち上げないのが基本マナー**です。そのためスープ類もレンゲで口まで運び、器に口はつけません。

取り皿も持ち上げないのが基本なので、料理を取る時も、食べる時も、お皿は持ち上げません。

ただし、主食の碗物は持ち上げてかまいません。

☆サーバーはターンテーブルからはみ出ないように置く

ターンテーブルを回した時にグラスを倒したりスプーンが落ちたりしないよう、料理を取り終えたらスプーンやレンゲがターンテーブルからはみ出していないか確認しましょう。

SCENE 5

ビジネス　一般　食事のマナー

意外と知らない中華料理のマナー〈前菜・点心編〉

★★★

突き出しのザーサイはいつ食べてもOK

中華料理店では、注文した料理が届く前にザーサイやピーナツなどの突き出しが出ることがあります。これは、食事中どのタイミングで食べてもOKです。

★★★

前菜の盛り合わせは冷たいものから順に

冷たい焼き豚や野菜などと一緒に、温かい蒸し鶏などが盛られた前菜が出ることがあります。

和食ならば温かいものから順番に食べるところですが、中華料理では洋食と同じように**冷たいものから順番に食べていくのがマナー**です。

★★★

肉まんは箸で切って食べる

肉まんは、手で持ってかぶりつきたいものですが、改まった席ではまるまる一個かぶりつくのは避け、**箸で食べやすい大きさに切ってから**口へ運びます。

手で食べる場合も、まずは半分に割り、一

方をお皿に置いてから、具がこぼれないように、割った面を上にして口へ運びます。

★★★

小籠包はレンゲを使って汁までしっかり堪能する

中に汁がたっぷり入った小籠包《ショウロンポウ》は、中のスープをしっかり堪能するために**レンゲを使って**食べます。

具体的には、まず、小籠包はレンゲの上に載せます。次に、小籠包を割り、ひと口ずつ口に運びます。最後にレンゲに残ったスープを飲み干します。この時、スープは音をたてずに飲みます。

こうすると、中の汁まであますことなく味わえます。

★★★

レンゲは三本の指で持ち上げて使う

レンゲは、スプーンと同じように持ちません。**レンゲは、くぼんだ部分に人差し指を当てて、親指、中指で両脇を支えるようにして持つのが正式**です。

レンゲは必要に応じて左右を持ち替えてかまいません。スープを飲む時は右手に、麺を受ける時は左手に持ちます。

☆急須のふたをずらしておくのが、お茶のお代わりの合図

中華料理では会話を止めずにお茶のお代わりを頼むための習慣が広まりました。急須のふたをずらすか、急須のふたを裏返して置くとお茶のお代わりを持ってきてくれます。

SCENE 5

ビジネス

一般

食事のマナー

意外と知らない中華料理のマナー〈メイン料理編〉

★★★

中華料理のフィンガーボウルにはお茶が入っていることも

殻付きのエビやカニなどを食べる際は、洋食の場合と同じようにフィンガーボウルが出されることがあります。

中華でもやはり、手が汚れたら片手ずつ指先を入れて汚れを落とし、ナプキンで水滴をぬぐいます。

中華料理の場合、フィンガーボウルにはお茶が入っていることもあります。間違って飲まないよう気をつけましょう。

★★★

麺類は音をたてて食べない

ラーメンなどの麺類も音をたてて食べる人も多いですが、格式の高いお店では音をたてずに食べるほうが上品です。

★★★

チャーハンは少し残すのが「満足」のしるし

チャーハンを食べていると、最後にどうしてもすくえない量が残ってしまうことがあります。こんな時は**無理にすくわずに残すのがマナー**です。中国では、チャーハンをひと粒残らず食べてしまうのは「量が足りなかった」という食事への不満を意味します。そこで、チャーハンはレンゲですくえないほどの少しの量を残します。少しの量を残すことで「おいしくて食べきれないほど満腹」という意味になるのです。

乾杯は何度もしてOK

日本では乾杯は最初に一度だけするものですが、中国では、**料理が運ばれてきたり話が変わったタイミングで乾杯をする習慣**があります。一度の食事で何度でも乾杯する中国式に倣《なら》う場合、お酒に弱い人はあらかじめ周囲に断っておくと安心でしょう。

紹興酒にザラメは入れる？

紹興酒《しょうこうしゅ》を注文すると一緒にザラメが出てくる場合があります。

ザラメは紹興酒に入れて飲むために出てくるのですが、これはもともと、甘味の少ない質の悪い紹興酒に用いられていた習慣です。現在は紹興酒の質がいいため、**本来ザラメを入れる必要がない**とも言われます。

質のいい紹興酒には、紹興酒そのものに自然の甘味があります。まずは紹興酒だけの味を堪能するのがお勧めです。

☆レンゲで麺を受けるのは○、レンゲに口をつけるのは×

麺類を食べる時は、レンゲを使います。ただし、レンゲは麺を受ける時に使います。スープを飲む時にはレンゲに口をつけますが、麺を食べる時にはレンゲに口はつけません。

SCENE 6

相手の気持ちが和む
おもてなしのマナー

SCENE 6

おもてなしのマナー

ビジネス

一般

来客準備の基本は、「お客様目線」の掃除と支度

★★★

玄関、トイレ、洗面所の掃除は念入りに

お客様を迎える時は、家の掃除をしておくのも大切なマナーです。特に玄関、トイレ、洗面所はお客様の目に入りやすいので念入りに掃除をしましょう。

玄関を掃き、戸建てなら門扉《もんぴ》も確認し、汚れていれば拭きます。

門から見えるところに枯れた植物があれば取り除き、たたきもきれいに掃除します。

トイレのタオルや少なくなったトイレットペーパーは新しいものに替え、洗面所のタオルも替えて鏡もきれいに磨きましょう。ひと通りの掃除を終えたら**お客様目線**でもう一度家の中を点検するとよいでしょう。

★★★

雨や雪の日は玄関先にタオルを用意しておく

雨の日や雪の日は、**お客様用のタオル**を用意しておくと親切です。到着後すぐに使えるよう、タオルは玄関先に置いておきます。

また、お客様の傘は、帰りの時間まで浴室などで開いて乾かしておくと丁寧です。

新しく清潔なお客様用スリッパを準備

大切なお客様が来ることがわかっている時は、なるべくきれいな**お客様用スリッパを準備**しておきます。

「座布団」は縫い目のない面が正面に来るよう配する

和室で来客を迎える時は、あらかじめ人数分の来客用の座布団《ざぶとん》を出しておきます。

座布団は、四辺のうち縫い目のない面が一辺だけあり、この部分を「輪」といいます。

中央に縫いつけられた**糸の房があるほうを表にし、輪のほうがお客様の膝側に来るよう**配置します。

食器は事前にそろえておく

大人数の来客では、お客様が来てからいざお茶を淹れるようと思ったら、長く使っていなかった茶碗にほこりが……などということもあります。

大人数の来客がある時は、お客様が来てからバタバタしないよう、使用するグラスや茶碗、茶たくなどの食器もきれいに洗ってそろえておきます。

☆洗面所に清潔なタオルと使用済みタオル入れを準備

洗面所には、お客様に使ってもらう清潔なタオルと使用済みのタオルを入れる小さな籠などを、それとわかるよう用意しておくとより丁寧で清潔な印象です。

SCENE 6

ビジネス

おもてなしのマナー

一般

お客様を丁重にもてなすための古来変わらぬ作法をマスター

★★★

お客様のコートは預かって掛けておく

お客様のコートは預かってハンガーに掛けておきます。

また、お客様が靴の向きを直し忘れている時は、**お客様を部屋にお通ししてから向きを直します。**

★★★

「ふすま」は男性で二回、女性で三回に分けて開けるのが正式

ふすまでは、ドアと違ってノックはしません。その代わり、**「失礼します」とひと声掛けるのがノック代わり**になります。

和室では基本的に座って動作します。ふすまの開け閉めも必ず座ってします。開ける時は、一気に開けるのではなく、**男性の場合は二回、女性の場合は三回に分けて開けます。**

① **ふすまの前に正座し、ふすまに近いほうの手をふすまの引手《ひきて》に掛け少し開けます。**

② **敷居から20～30㎝ほど上のふすまの枠に手を掛けて中央あたりまで開けます。**

③ **手を替えて、体が楽に通れるスペースだ**

けさらに開けます。この時、ふすまは最後まで開けきらず、５㎝ほど「手掛かり」を残しておきます。

女性の場合は①～③を順番に、男性の場合は②③をひと息に行ないます。

閉める時は、開ける時に５cmほど残しておいた「手掛かり」をつかんで、開ける時とは反対の手順で閉めます。

★★★
手で三角を作るのが正しい座礼のポイント

和室では、あいさつも**座って行なう座礼が正式**です。

座礼の正しい手順は次頁のとおりです。

ふすまの開け方

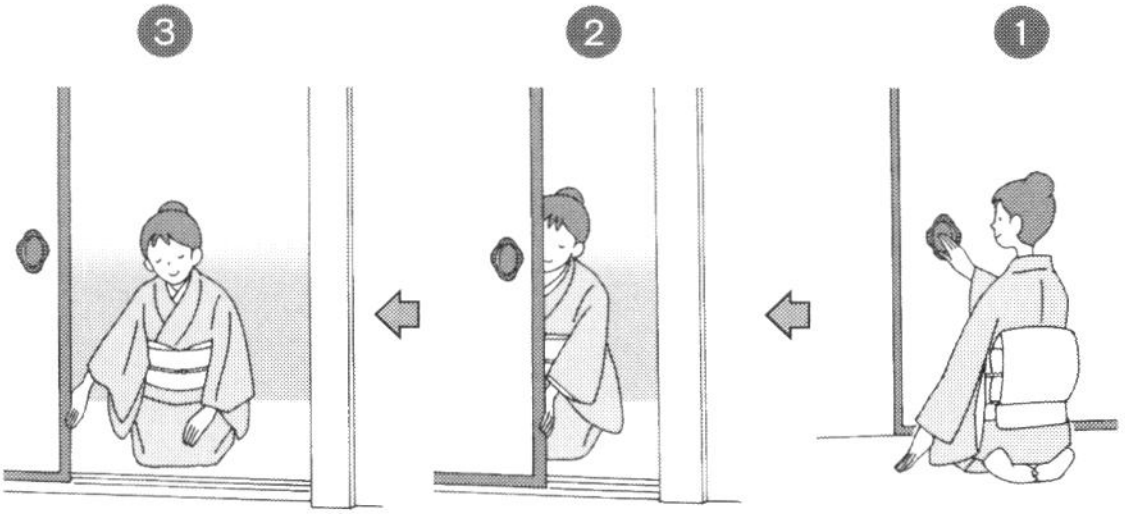

① ふすまに近いほうの手を引手に掛け少し開ける

② ふすまの枠に手を掛け、中央あたりまで開ける

③ 手を替えて、体が楽に通れるスペースだけさらに開ける

①**正座をして背筋を伸ばし、両手は膝の上に置きます。**

②**上体を前方に倒しながら、両手を前へ滑らせて畳に手をつきます。この時、両手で三角形を作ります。**

③**頭を深く下げます。**

★★★

おもたせは「両手」で受け取り、いったん「床の間」などに置く

お客様からのおもたせは、必ず**両手で受け取り、床の間や机の上など少し高い場所にいったん置いて**から、きちんとお礼の言葉を伝えるのが丁寧です。

いただいたおもたせを部屋に置きっぱなしにするのはとても失礼なことです。おもたせは部屋から下がる時に忘れずに、一緒に持っ

■ 座礼のしかた

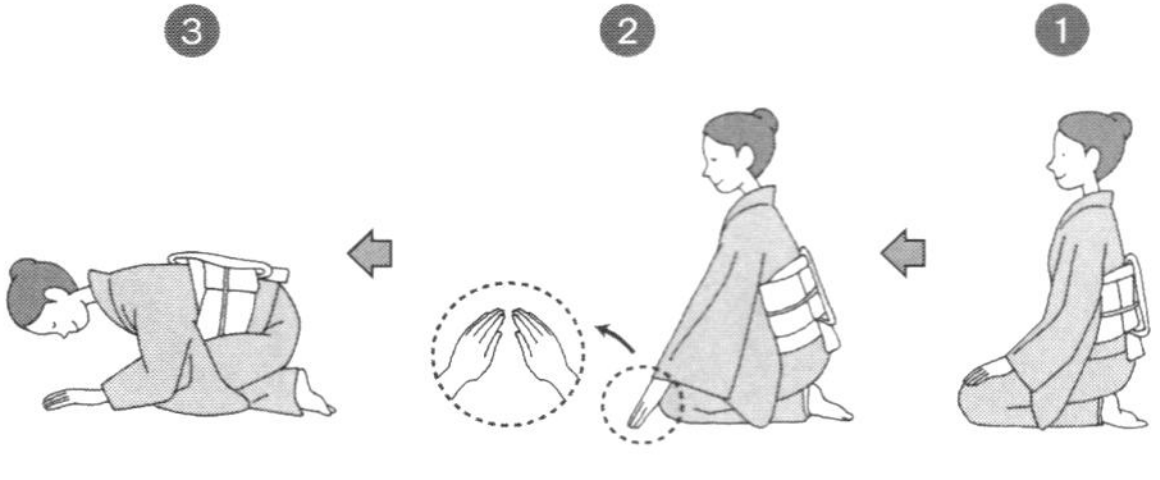

正座をして背筋は伸ばし、両手は膝の上に置く

上体を前方に倒しながら、両手を前へ滑らせて畳に手をつく。両手は三角形

頭を深く下げる

て出ます。

おもたせはお客様と一緒に食べてもよい

おもたせは、お客様が帰る前に中身を確かめるのがマナーです。親しい間柄なら「開けてみてもいいですか」などと確認してその場で開けてみるのもよいでしょう。ケーキや果物であれば、**「おもたせですが」**とお茶と一緒に出してもかまいません。

見送りは玄関の外まで

お客様が帰る時、寒い時季なら、コートは玄関内で着るように勧めます。

目上の人や大切なお客様の見送りは、**玄関の外まで出て**相手が見えなくなるまでします。

マンションなどの場合は、エレベーターの前で扉が閉まるまで見送ります。

すぐに鍵を閉めない

お客様を送り出したあと、すぐに玄関の鍵を閉めたり、門灯《もんとう》や玄関の明かりを消したりするのは冷たい印象です。鍵や明かりは、**お客様が十分に遠くへ進んでから**閉めたり消したりします。

☆いただいたお菓子と用意したお菓子が似ていたら、お客様のお菓子を出す

おもたせでいただいたお菓子とお客様に出そうとあらかじめ準備していたお菓子が似ていた場合は、お客様に気を遣わせないよう、いただいたお菓子を出します。

SCENE 6

ビジネス

一般

おもてなしのマナー

正しい淹れ方で、おいしいお茶をお出しする

★★★

急須も湯呑も温めて淹れる

日本で最もよく飲まれているお茶は煎茶《せんちゃ》でしょう。正しい淹れ方は以下のとおりです。

まず**急須《きゅうす》を温めるためにお湯を注ぎ、急須の湯は茶碗に注ぎます**。茶碗のお湯はお茶を注ぐ直前に捨てます。

急須に人数×ティースプーン一杯分の茶葉を入れ、80度程度のお湯を注ぎます。急須のふたをして1分ほど待ってから、**お茶の濃さが均等になるよう人数分の茶碗に少しずつ順番に回し注ぎます**。注ぐ量は茶碗の七分目程度が上品に見える目安です。

最後の一滴まで注ぎ切るのが二煎目《にせんめ》もおいしく淹れるコツです。煎茶以外のお茶も温度や蒸らし時間を変えれば、おおよそ同じ手順でおいしく淹れられます。

★★★

お茶の種類に適した温度を守る

お茶は種類によっておいしく淹れるのに適した温度と蒸らし時間が違います。いずれも一度沸騰したお湯を用いるほうがおいしく淹れられます。

煎茶：70～80度のお湯で1分
玉露《ぎょくろ》：50～60度で2分～2分半
玄米《げんまい》茶、ほうじ茶：95度で30秒
紅茶：沸騰《ふっとう》直後のお湯で2～3分

「お茶」は右、「お菓子」は左に出す

お茶を載せたお盆は、**まずはテーブルの上、お客様の下座側に置きます。**

お客様が口をつけるものが載せられたお盆は、**畳の上に直接置いたりはしません。**

お茶とお菓子はお客様から見て、**左にお菓子、右にお茶**が来るよう出します。

その時、**お茶碗の正面が相手の正面に来るよう向きを調整して出す**と丁寧な印象です。

おしぼりを出す場合は、お茶の右側に出します。また、ショートケーキなどの三角形のケーキは、相手が食べやすいように先のとがったほうを相手の左側に向けて出します。

お茶のお代わりは注ぎ足さない

お茶のお代わりは、なるべく**新しいお茶碗に替えて出します。**注ぎ足しはしません。二煎目を出す場合は、高めの温度のお湯を注ぐとおいしくいただけます。

☆「茶こぼし」があると席を外さずにお茶を入れ替えられます

「茶こぼし」は茶殻や飲み残しのお茶を入れるための器。「茶こぼし」を備えておくと、お客様との会話を途切れさせることなくお茶のお代わりを用意することができます。

SCENE 6

ビジネス

おもてなしのマナー

一般

感じの良いお茶の出し方〈オフィス編〉

★★★

お茶出しは名刺交換が終わった頃合いを見計らって

お客様へのお茶は、名刺交換が済んだ頃合いを見計らって出します。ただし、担当者が来るまでに間があるようなら、お客様の分だけ先に出します。

お茶を出す時は、部屋に入る前にノックをし、「失礼します」とひと声掛けたうえで入室します。**お盆をサイドテーブルかテーブルの端に置き、茶たくに茶碗を載せて**上座のお客様から順番に出します。

★★★

茶碗と茶たくは別々にして運ぶ

お茶を運ぶ時は、**器と茶たくは別々にして運び、お客様に出す際にお盆の上で茶たくに茶碗を載せます。**

木製の茶たくは、木目が相手に平行になるように置きます。茶碗も内側か外側に一か所だけ模様が入っている場合は、その面がお客様の正面に来るよう置きます。

コーヒーや紅茶の場合も、カップ、ソーサー、スプーンは別々に運び、お客様に出す際にソーサーの上にカップとスプーンをセットして出します。

コーヒーカップの取っ手、スプーンの柄が相手の右側に来るように

コーヒーカップを出す時は、**カップの取っ手がお客様の右側に来るように**置きます。左側に来るように置くのが正しいとする説もありますが、日本ではブラックで飲むことを想定して、取っ手は右側に配することが多いようです。

スプーンは手前に置き、スプーンの柄もやはり右側に来るようセットします。

ただし、カップに図柄が入っている場合は、その図柄の面がお客様の正面になるように配置します。

お茶出しでは商談の邪魔にならないよう「小声」で

お茶を出す時は、話の邪魔にならないよう**小声でひと声掛けてお客様の右手側にお茶を出す**のが原則です。ただし、机の上に書類などが広げられている場合は、「こちらでよろしいですか」と断ったうえで、邪魔にならない安全な場所に置きます。退室する際は、やはり小声で「失礼しました」と声を掛け、お盆を持って退室します。

☆長時間の打ち合わせでは出す飲み物に変化をつけます

最初の飲み物を出してから2時間以内に2杯目の飲み物を出します。その際、1杯目がお茶なら2杯目はコーヒーというように出す飲み物に変化をつけると気が利く印象です。

SCENE 6

おもてなしのマナー

ビジネス

一般

正しいお客様のご案内は笑顔のあいさつから

★★★

「会社名」「名前」「担当者」を確認してから案内する

お客様に気づいたら笑顔であいさつをしましょう。来客応対では、まずアポイントの有無、担当者の名前などを確認します。次に担当者へ連絡をし、担当者の指示に従ってお客様を案内する、というのが大まかな流れです。

アポイントがないお客様の場合は、会社の方針に従って対処します。アポイントなしの訪問を断っている場合はその旨を伝えます。

★★★

3歩先に立って先導。ただし、完全には背を向けない

お客様を案内する時は、始めに行き先を告げ、3歩ほど先に立ち先導します。この時、**お客様が通路の中央を歩けるよう右斜め前を歩きます**。

体はお客様に完全に背を向けないよう、斜めに少し傾けながら歩きます。

角を曲がる時や、エレベーターに乗る時はひと声掛けて、進行方向を手で示しながら移動します。

階段では「上」「手すり側」が上座

階段では、手すり側が上座になるので**お客様を手すり側**にし、**上りの階段では案内者がうしろ、下りの階段では案内者が前を行き、お客様の上に立たないよう配慮**します。

ただし、上りの階段でお客様が女性の場合は、案内者が下から見上げるのは失礼にあたるため、お客様にひと声掛けて案内者が先に上ります。

エレベーターは操作盤の前が下座、奥が上座

エレベーターに乗る時は、**外のボタンを押すか、ドアを手で押さえてお客様を奥に通します。**エレベーターでは操作盤の前が下座、

エレベーター内の席次

操作盤の前が下座、
奥の左側が上座

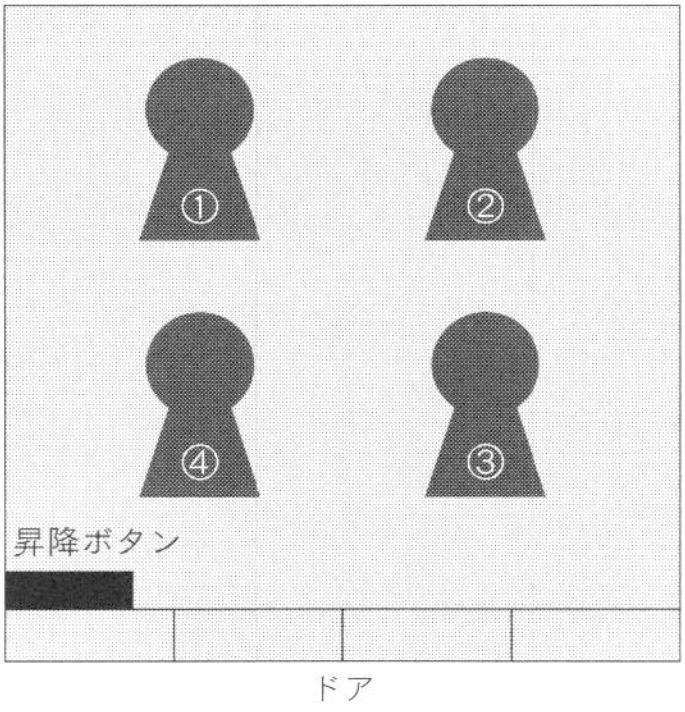

奥が上座なので、**案内者はお客様に背を向けないよう操作盤に背を向けて手前に立ちます。**目的階に着いたら、「開」ボタンを押して**お客様を先に降ろします。**

★★★

扉が押すタイプなら自分が先に、引くタイプなら相手を先に

部屋の前に着いたら、ドアをノックしてお客様を部屋の中に案内します。

ドアが内開きの場合は案内者が先に入室してドアを押さえたうえでお客様を通します。ドアが外開きなら、ドアを開いてお客様を先に通します。

担当者がすでに部屋にいる場合は、「失礼します」とひと声掛けて退室し、いない場合は上座を勧めてから退室します。

応接室の席次

[応用]

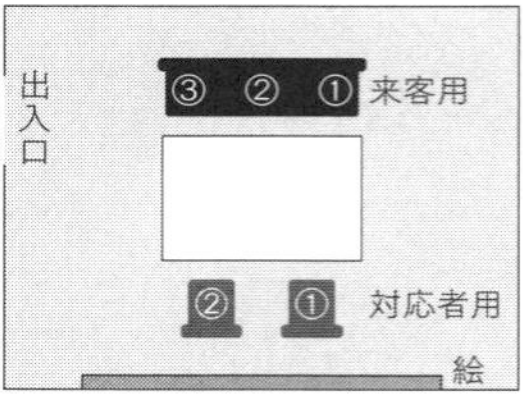

景観の良い窓や大きな絵が掛けられている部屋では、窓や絵が正面に眺められる席が上座になる

[基本]

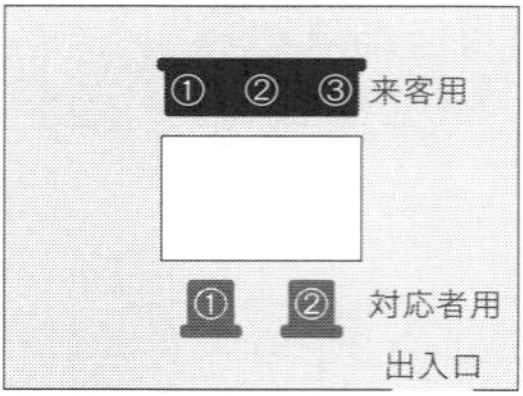

出入口から一番遠い席が上座。長椅子はお客様用、肘掛け椅子が対応者用である場合が多い

★★★

応接室の上座はドア、窓、絵の配置で変わる

通常**出入口から最も遠い席が上座**とされますが、大きな窓がある場合は、外の景色がよく見える席、絵が飾ってある場合は絵がよく見える席が上座となることもあります。

また、長椅子と肘《ひじ》掛け椅子がある時は、通常、長椅子が上座です。自社の応接室ではどこが上座にあたるのかを覚えましょう。

★★★

要所での声掛けが好印象に

お客様のご案内では、要所要所で場面にあった声掛けをします。

声掛けは、最初の「いらっしゃいませ」に始まり、アポイントを告げられたあとの「**お待ちしておりました**」、お客様を待たせる時の「**少々お待ちください**」「**お掛けになってお待ちください**」、階段を上る時の「**足元お気をつけください**」、曲がる時の「**こちらを左に曲がります**」、指定の場所へ案内したあとの「**○○は間もなく参りますので少々お待ちください**」まで、多くのポイントがあります。

これらの言葉のひとつひとつが、会社全体の印象を良くしてくれます。

☆お客様のご案内中は上司とすれ違っても道を譲りません

お客様のご案内中は、自分が道を譲るとあとについてくるお客様も道を譲らなければならなくなります。そのため、お客様ご案内中は上司と廊下ですれ違っても道は譲りません。

SCENE 6

ビジネス 一般

おもてなしのマナー

紹介は「身内から」、順番は「上から」が基本ルール

★★★

上司とお客様を引き合わせる時は上司の紹介から

紹介は最も立てたい人を最後にするのが原則です。そのため、取引先などに上司を紹介する場合は、左図中の一番上のように上司の紹介を先にします。紹介の順番としては、**まず上司を取引先の人へ紹介し**（①）、**次に、取引先の人を上司に紹介**します（③）。

紹介する上司が複数いる場合は、上の役職の人から順（①→②）に紹介します。

紹介は「身内から」、身内が複数いる場合は**「上から順番に」**が基本です。

★★★

互いの上司を紹介する時は訪問した側から身内を紹介

紹介は立場が下の側からします。

そのため、担当者同士がお互いの上司を紹介するような場合、左図中の中央のような手順で紹介し合います。

まずは訪問した側、もしくは**仕事を受注した側の担当者から上司の紹介をし**（①）、**続いて自己紹介をします**（②）。**続いて訪問先、もしくは発注元の担当者が上司の紹介を**

し（③）、**自己紹介をします**（④）。

★★★

取引先の人の依頼で他社の人を紹介する時は依頼者の紹介が先

取引先の人から他社の人の紹介を頼まれた際の紹介の順序は、依頼者の紹介が先になります。たとえばA社の人にB社の人の紹介を頼まれた場合、下図中の一番下のような順番で紹介します。

まず、A社の人をB社の人に紹介します（①）。続いて、自分とA社の人の関係をB社の人に説明したうえで、B社の人をA社の人に紹介する（②）という手順です。

☆間接的な紹介では根回しをきちんとするのが大人のマナー

間接的な紹介を頼まれた場合、単に連絡先を教えるだけでなく「○○という者から○日中に連絡がいきますので」などと前もって先方に根回しをしておくのが大人のマナーです。

紹介のパターン

①～④：紹介者の順序
（黒）：訪問側　○○：自分のセリフ
（灰）：取引先　○○：相手のセリフ

取引先の人に二人の上司を紹介

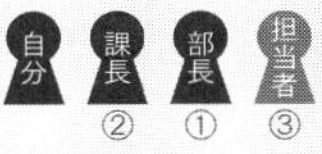

「こちらが弊社広報部長の関根です」
「同じく課長の石井です」
「こちらがいつもお世話になっております○○社の鈴木部長です」

担当者同士がお互いの上司を引き合わせる

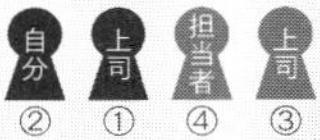

「こちらが弊社広報部長の関根です」
「わたくし○○社広報部の石井翔と申します」
「こちらが弊社営業部長の加藤です」
「わたくし△△社営業部の大澤博と申します」

A社の人にB社の人の紹介を頼まれた

「こちらA社の加藤部長でらっしゃいます」
「こちらはわたくしどもがいつもお世話になっておりますB社の関根部長でらっしゃいます」

SCENE 6

おもてなしのマナー

ビジネス

一般

「終わり」が肝心。来客を見送る際の大人マナー

★★★

帰るタイミングはお客様が決めるもの

用件も済み、いい時間になると、「そろそろ……」と思いますが、帰るタイミングはお客様が決めるものです。時計を気にしたり、そわそわしたり、早く帰ってほしいそぶりを見せるのはマナー違反です。

次の予定が迫っている時は、**「本日はお運**《はこ》**びいただきありがとうございました」**などとお礼の言葉を伝えて遠回しに締めの合図を送ります。

★★★

お客様の帰り支度が整う前にドアを開けない

ドアは、お客様が帰り支度を終えるタイミングに合わせて開けます。

帰り支度が整う前に早々と立ち上がったり、ドアを開けてお客様を待ったりするのは失礼です。

ドアは案内の際と同じように、引いて開けるタイプではお客様を先に通し、押して開けるタイプのドアでは自分が先に通ってドアを押さえてお客様をお通しします。

★★★

エレベーターが閉まるまでおじぎしてお見送り

お客様が付き合いの長い取引先などの場合は応接室前で見送ることもありますが、複数のオフィスが入るビルでは、見送りはエレベーター前までが基本です。

応接室を出たら来客の3歩ほど前を行き、エレベーターのボタンを押して、お客様を乗せます。お客様が乗り込んだのを確認したあと**「こちらで失礼します。本日はありがとうございました」**とひと声掛け、おじぎをします。この時、**おじぎはエレベーターのドアが閉まるまで**します。

★★★

遠方からの取引先は玄関までお見送りをしたい

大事な取引先や、遠方からのお客様の場合は、玄関までお見送りします。

お客様が大きな荷物を抱えている場合は、代わりに玄関まで運びます。また、帰りの経路を事前に確認しておき、タクシーや社用車の手配が必要な場合は、部屋を出る前に手配を済ませておきます。

徒歩で帰る場合も車で帰る場合も、おじぎは相手が見えなくなるまでします。

☆打ち合わせ中に入った緊急用件はメモで伝えます

打ち合わせ中に入った緊急の用件は、「打ち合わせ中失礼いたします」とひと声掛けて担当者に伝えます。この時、お客様に知られないよう用件の内容はメモ書きで伝えます。

SCENE 7

良い印象を残す

訪問と身だしなみのマナー

SCENE 7

ビジネス

一般

訪問と身だしなみのマナー

個人宅訪問では、訪問「前」の準備が大切

靴下、なか敷きは清潔なものを

個人宅への訪問では、ほとんどの場合靴を脱ぎます。そのため、靴は事前にきれいに磨き、靴下はなるべく清潔なものを選びます。女性の場合は、夏場でも裸足《はだし》は避け、必ずストッキングをはきます。

また、靴を脱いだあとの中敷きも意外と目につくもの。しわの寄ったなか敷きや汚いなか敷きの靴ではだらしない印象です。足元の装いは中敷きまで清潔さを心がける必要があります。

服装にルールはありませんが、和室に通されることも想定して、正座しにくいミニスカートなどは避けます。

約束の1時間ほど前に電話で連絡を入れる

たとえ約束の時刻まで余裕があっても、迎える側は、道に迷っていないか、無事に着けるかどうかを気にかけているものです。

先方には、**約束の1時間ほど前、もしくは最寄駅に着いた際に電話で連絡を入れる**と、余計な心配をかけずに済みます。

★★★

タクシーは少し離れた場所で降りる

伺うお宅が最寄りの駅から少し離れたところにある、道が不案内などの場合はタクシーを使うこともあるでしょう。

その場合、タクシーはお宅の門前に乗りつけるのではなく、**少し離れたところで降りるのがマナー**です。

★★★

上司や恩師の家への訪問は手土産を忘れずに

個人のお宅へ訪問する際はなるべく手土産を持参します。特に訪問先が上司や恩師の場合は必ず持参します。

持参するお土産は、相手の好みなどを考慮して地元や郷里の名産品などを時間を掛けて選ぶのがマナーです。

当日の行きがけに訪問するお宅の近くのお店で購入するのはいかにも間に合わせといった印象のため、できれば避けます。

また、あまり高いものも相手に気を遣わせてしまうため控えましょう。

お菓子などを持参する場合は相手の家族構成を考慮して、人数よりやや多めの数になるよう配慮します。

☆伺う時間は14～16時ごろがベストタイム。午前中や食事時は避けます

個人宅へ伺う際は事前にアポイントを取ります。伺う時間は忙しい午前中や食事時を避け、できれば14～16時の間で伺うのが大人のマナーです。

SCENE 7

ビジネス　一般

訪問と身だしなみのマナー

個人宅訪問で守りたい、感じの良い立ち居振る舞い

★★★

コートと帽子は先に脱いでおく

欧米では、玄関に入る前にコートを脱ぐのは、いかにも家に上げてくれと言っているようで失礼であるとされています。最近では日本でもこの考え方が広まっており、玄関の外でコートを脱ぐか、玄関の中でコートを脱ぐかは場面に応じて使い分けられる傾向にあります。

しかし、改まった訪問では、やはり**呼び鈴を押す前にコートや帽子は脱いで手に持っておく**のが丁寧です。この時、コートは、外の汚れを室内に持ち込まないよう、**内側を表に**してたたんでおくとスマートです。

★★★

約束の時間から2~5分遅れで到着するのが個人宅訪問のマナー

約束の時間を守ることはもちろん大切ですが、**個人宅に伺う場合は、約束の時間前の到着は避けます。**

先方を慌てさせないために、2~5分ほど遅れて到着するのがよいでしょう。早く着きすぎてしまった場合は、時間を調整してから伺うのがマナーです。

★★★

靴は脱いでからそろえる

靴は**前向きに脱いで上がり、振り返って膝をつき、靴の向きをそろえます**。うしろ向きに脱いで靴を揃えるのは、出迎えの人にお尻を向けることになるため失礼にあたります。屈《かが》んで靴をそろえる際も、なるべくお尻を向けないよう体を斜めにしてそろえます。

勧められた際はスリッパを履きますが、通された先が和室の場合は、スリッパは和室の入口に靴と同じようにそろえて置きます。スリッパをそろえる時も、前向きに脱いだあと、振り返って屈んで向きをそろえます。

★★★

座布団は勧められてから座る

座布団も、洋室の場合の椅子と同様、勧められてから座ります。

家人《かじん》の到着前など、**座布団を勧められないうちは座布団の上には座らず、座布団の横、下座側に正座**して家人を待ちます。

★★★

正式なあいさつは部屋に通されてから

個人宅への訪問では、正式なあいさつは玄関先ではなく、部屋に通されたあとにすることになります。

洋室では、相手が部屋にあらわれたら**椅子の下座側に立って**あいさつします。

和室の場合、あいさつは座位《ざい》でするのが正式です。その時、**座布団は外して、座布団の脇、下座側に正座をして座礼**をします。

帰りのあいさつも同様に下座側でします。

★★★

手土産は入室後、袋から出して渡す

持参した手土産は、すぐに冷蔵庫に入れたほうがいいものなどに限って玄関先で渡すこともありますが、部屋に通されてあいさつをする際に渡すのが正式です。**必ず袋から出し、相手側が正面になるよう向きを調整して「両手」で渡します。**

また、手土産が入っていた紙袋は持ち帰ります。

★★★

手土産を渡す時の一言は、「お口に合えばよいのですが」が最適

ドラマなどでは手土産を「つまらないものですが」などと言って渡しているシーンをよく見かけます。しっくりくるセリフではありますが、現実には、「つまらないもの」などと謙遜するよりも**「お口に合えばよいのですが」**などと渡されるほうが、相手もずっとうれしいはずです。

★★★

ケーキのセロファンはフォークでクルクルと巻き取る

ケーキに巻かれたセロファンは、クリームのついている面が内側になるようフォークにセロファンの端をひっかけて、クルクルと巻き取ります。巻き取ったあとのセロファンは、銀紙と皿の間に差し込んでしまえば食べるのにも邪魔になりません。

ショートケーキなどは、先が細くなっているほうから順番に食べていくと最後まで倒れ

ずにきれいに食べ進められます。薄くなってて食べにくくなったら、そっと倒してから食べてかまいません。

食べ終えたら、銀紙は皿の上で軽くたたんで、フォークの先が銀紙の中に隠れるようにフォークを置きます。

手をつけたものは残さず食べるのがマナー

訪問先で出されたお菓子や料理は、きれいに残さず食べるのが一番です。

食べきれない量の料理を出されたとしても、自分が手をつけたものは残さず食べるのがマナーです。

目上の人へは後日お礼状を

恩師や上司など目上の人のお宅へ訪問したあとは、感謝の気持ちを伝えるためにできれば**当日中、遅くとも3日以内にお礼状**を出します。

お礼状は葉書でも封書でもかまいませんが、白無地縦書きの封書を使うのが最もフォーマルな印象です。

お礼状は、型どおりの文面よりも、伺った際の話題などにも触れた内容だとより好印象です。

☆外まで見送りをしてもらったら振り返って会釈します

見送りの人が玄関の外まで出てくれている場合は、スタスタと帰るのではなく、ある程度行ったところで一度、振り返って会釈すると感謝の気持ちが伝わります。

SCENE 7

ビジネス 一般

訪問と身だしなみのマナー

和室の敷居、畳のへり、座布団を踏むのはタブーです

★★★

敷居を踏んではいけません

敷居《しきい》、畳のへりは踏まないのがマナーです。

「敷居をまたぐ」「敷居が高い」などという言葉からもわかるように、敷居は家を象徴するものとして扱われます。そのため、敷居を踏みつけるのは家や家人を踏みつけるのと同義と考えましょう。

また、敷居は踏めば踏むほどすり減るため、耐久性の面から言っても踏まないほうがよいのです。

★★★

畳のへりも踏まないように

かつて、畳のへりには家紋が入れられていることがありました。そのため、へりを踏むことがその家の家紋を踏みにじる、ひいては家の格式を踏みにじることに通じるため、畳のへりは踏まないようになったとする説が有名です。

畳のへりを踏まない理由には諸説ありますが、へりも敷居と同様、踏めば踏むほど傷みが早くなります。そのため、へりは踏まないのが常識です。

★★★

座布団からは「にじり出る」

座布団もまた、足で踏んではいけません。座布団から立ち上がる時は、**膝を使ってにじり出るのが正式**です。座布団の正しい座り方は以下のとおりです。

① **座布団の横かうしろに座る。**
② **軽く握った両手を座布団につく。**
③ **つま先を立てて膝をつく姿勢で座布団の上ににじり上がる。**

下りる時は逆の手順でにじり下ります。

☆和室を横切るのはタブーです。壁際に沿って歩くと上品に映ります
和室は壁に沿って歩くと上品な印象です。急いでいる時でも、和室では部屋を斜めに横切ったりしてはいけません。

座布団の座り方

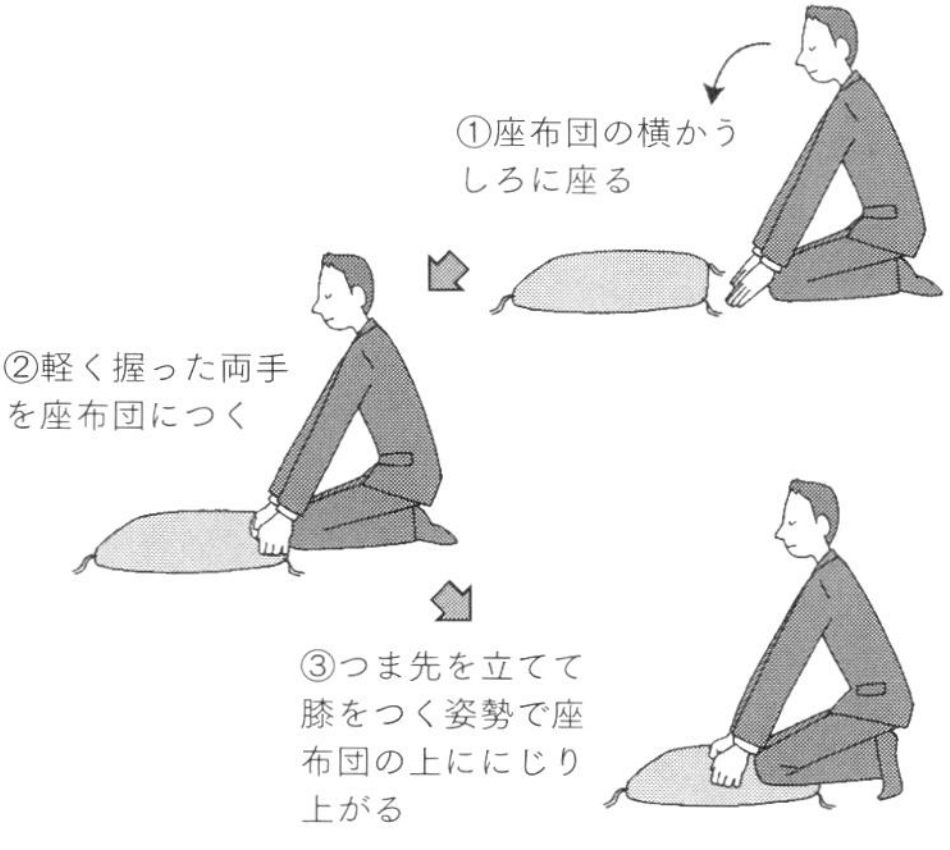

①座布団の横かうしろに座る
②軽く握った両手を座布団につく
③つま先を立てて膝をつく姿勢で座布団の上ににじり上がる

SCENE 7

訪問と身だしなみのマナー

ビジネス

一般

礼儀正しいと一目置かれるオフィス訪問のマナー

★★★

アポイントは電話で1週間前までに

ビジネスシーンで取引先などを訪ねる際、マナーをわきまえた人の好感度は自《おの》ずと高くなります。

一般的には、オフィス訪問はアポイントを取ってから伺います。伺う日は相手の都合の良い日を優先させます。

訪問は、多くの場合、昨日の今日というわけにはいきませんので、訪問希望日の1週間前までには電話で連絡をします。

★★★

約束の10分前には受付到着がオフィス訪問の鉄則

プライベートでの個人宅訪問では、約束の時間よりもやや遅めの到着を心がけますが、オフィスの訪問は遅刻厳禁、約束厳守が基本です。

約束の時間の10分前、遅くとも5分前までには受付に到着します。

★★★

トイレは事前に済ませておく

訪問先でいきなりトイレを借りるというの

はやはり失礼です。トイレは訪問の前に済ませておきましょう。この時、女性は化粧、男性は髪型など身だしなみのチェックも忘れずにします。

★★★

コートは脱いで手に持っておく

コートを事前に脱いでおくかどうかは、個人宅訪問ではケースバイケースですが、ビジネス訪問の場合では、**コートは必ず事前に脱いで手に持って**おきます。また、濡れた傘がある場合は室内に持ち込まず、傘立てに立てておきます。

★★★

着席は勧められてから勧められた席に

受付に到着したら、まずは会社名、氏名を名乗り、アポイントがある相手の名前を伝えます。

応接室に案内されたあとも、**席に座るのは着席を勧められてから**が原則です。

座る席は下座に座るのが基本ですが、特定の席を勧められた場合は、素直に勧められた席に座り相手を待ちます。

★★★

あいさつは必ず「立ち上がって」する

相手が来たらすぐに**「立ち上がって」あいさつ**をします。初対面の相手の場合は、このタイミングで名刺交換をします。

★★★

雑談で場を和ませてから本題へ

商談は単刀直入に本題に入るのではなく、

雑談から入り、相手の近況について質問したりしながら座をあたためます。

ただし、相手が急いでいる場合など、単刀直入に用件を話したほうがいい場合は臨機応変に対応します。

遅刻の連絡は約束の時間の5分前までに、想定の＋15分で伝える

あってはならないことですが、やむをえず約束の時間に遅れる場合は、なるべく早く、**遅くとも約束の5分前までには連絡**を入れます。

電話では遅れることをきちんとお詫びし、事情を説明します。この時、到着予定時刻は、見込み時間よりも15分ほど遅めの時刻を伝えます。

万が一、伝えた時刻よりもさらに遅くなる時は、もう一度先方に連絡を入れなくてはいけません。二重の遅刻は、さすがに誰もが不愉快になります。そうした事態を避けるためにも、到着時刻は遅めに見積もって伝えます。

ふた付きのお茶のふたは右側に裏返して置く

出された**お茶は勧められてから**飲みます。ふた付きのお茶の場合、ふたはお茶の右側に裏返して置きます。

置く時はしずくが落ちないよう気をつけます。

また、お茶を出してもらったら、たとえ商談中でもきちんと「ありがとうございます」と伝えます。

★★★

コーヒーのソーサーは持ち上げない

コーヒーを飲む際、ソーサーを一緒に持ち上げて飲む人がいますが、**コーヒーのソーサーは立食パーティー以外では持ち上げない**のが基本です。

ただし紅茶は、ソファー席などで椅子とテーブルとの間に距離がある場合にのみ、ソーサーごと持って飲むこともあります。

また、砂糖を混ぜるのに使ったスプーンは、飲むのに邪魔にならないようソーサーの奥に置きます。

お茶のふたは裏返して右へ

ふた付きのお茶のふたは、しずくがたれないように注意しながら、裏返して右へ置く

コーヒースプーンは奥へ

コーヒーについてくるスプーンは、使わない時、または使用後、ソーサーの奥へ置く

☆帰り際にも受付の人へあいさつを忘れずに

帰り際にも受付の人へは忘れずにあいさつします。商談が無事終了した安堵感から帰りは気を抜いてしまいがちですが、最後までしっかりした態度を保つのが上級マナーです。

SCENE 7

訪問と身だしなみのマナー

ビジネス

一般

社外での打ち合わせは依頼した側が積極的に仕切る

待ち合わせ場所にはわかりやすい場所を選ぶ

社外での打ち合わせは、**依頼した側が場所の選定や注文、支払いなどを率先して取り仕切る**のが基本です。

待ち合わせ場所は「○○線沿線」「○○駅付近」などという相手の希望を考慮しつつ、できるだけわかりやすいところを選定するのが親切です。

駅の改札前や駅前の喫茶店、大きなホテルのロビーなど初めて来る人でもすぐに見つけられる場所を指定します。

また、待ち合わせ場所は、口頭で伝えるだけでなくメールやファックスなどで住所や地図などの詳細な情報を送っておきます。

予定の急な変更の可能性も想定して、念のためこちらの携帯電話の番号を知らせておくとよいでしょう。

初対面の相手との待ち合わせは社名入り封筒を「目印」に

初対面の相手と外で待ち合わせる際は、あらかじめ目印になる特徴をお互いに伝えておきます。

特徴のある服装や髪形であれば遠くからでもよくわかりますが、そうでない場合は**社名入りの封筒を目印に**すると間違いがありません。

★★★
相手より早めに到着し、声を掛けるのもこちらから

依頼した側は、早めに会社を出て、**先方より先に待ち合わせ場所に**着いておきます。

約束の場所では相手が来たことがすぐにわかるよう広く見渡せる場所に立つか、先に店に入っている時は、入口が見える席に着いておきます。

それらしい相手があらわれたら依頼した側から率先して声を掛けます。

この時、相手の社名や個人名をいきなり確認するのではなく、**こちらの氏名を名乗ってから相手の名前を確認するのがマナー**です。

★★★
支払いや注文は依頼した側がする

支払いは、打ち合わせを依頼した側がします。できれば相手もしくは自分がお手洗いに立った際に支払うなど、相手に気を遣わせないタイミングで済ませます。

☆「本題」に入るのは飲み物が届いてからに

自己紹介が済んだら、飲み物を注文します。飲み物の到着で話が遮られるのを避けるため、話の本題に入るのは飲み物が届いてからにします。

SCENE 7

訪問と身だしなみのマナー

ビジネス

一般

感じが良い名刺交換の手順とマナー

★★★

渡す時も受け取る時も両手が基本

名刺交換は受け取る時も、渡す時も「両手で」が基本です。また、名刺交換は必ず立って、間にテーブルなどを挟まずに対面して行なうのがマナーです。

名刺は相手のほうに正面を向けて「営業部の○○です」などと名乗りながら両手で渡します。また、受け取る時は、**「頂戴《ちょうだい》いたします」**と一言添えて両手で受け取ります。

渡す時も、受け取る時も、指が名刺の文字にかからないよう気をつけます。

相手の名刺をいただいたら、すぐに「○○様ですね」などと名前を確認します。

相手の名前の読み方がわからない場合はローマ字表記がないかを確認し、やはりわからない場合は、**「恐れ入りますがどのようにお読みすればよろしいのでしょうか」**と率直に尋ねましょう。

★★★

名刺は伺った側から渡すのがマナー

名刺は目下の人間から目上の人間に渡すのが大原則です。訪問した側と訪問された側では**訪問した側が先に名刺を差し出します**。

訪問した側、もしくはされた側が複数である場合、交換の順番は立場が上の人からになります。

具体的には、上司と同行して取引先へ訪問する場合、訪問した側の上司がまず先に先方の担当者と名刺を交換し、続いて自分も先方の担当者と名刺を交換するという順序です。

★★★

複数での名刺交換は役職が高い人から順に渡していく

複数の人間で名刺交換をする場合、名刺交換は、次頁の図のように、訪問した側の役職の高い人から順にします。

たとえば、訪問した側、された側それぞれ2名ずつ計4名での名刺交換は、訪問した側の上司をA、部下をB、訪問された側の上司をA′、部下をB′とすると以下の順番で行なわれます。

①**上司Aが上司A′へ名刺を渡して名刺交換をします。**

②**部下Bが上司A′に名刺を渡し名刺交換をします。**

③**上司Aが部下B′に名刺を渡し名刺交換をします。**

④**部下Bが部下B′に名刺を渡し名刺交換をします。**

名刺交換が終わったあとは、相手の名刺は座っている並び順に並べて置くと相手の名前を呼び間違える心配がありません。

★★★

同時に名刺を差し出した場合は右手で差し出し左手で受け取る

名刺交換は目下の人間からが原則ですが、お互い同時に名刺を出してしまうこともあります。

そんな時は、**右手で渡して左手で相手の名刺を受け取ります**。受け取った名刺にはすぐに右手を添えます。

★★★

名刺はすぐにしまわない

名刺を**いただいてすぐにしまうのはマナー違反**です。せっかくいただいたのですから、名前を覚えるまではテーブルの上に出しておきましょう。相手が一人なら、いただいた名刺は机に直に置くのではなく、**自分の名刺入**

複数での名刺交換の順番

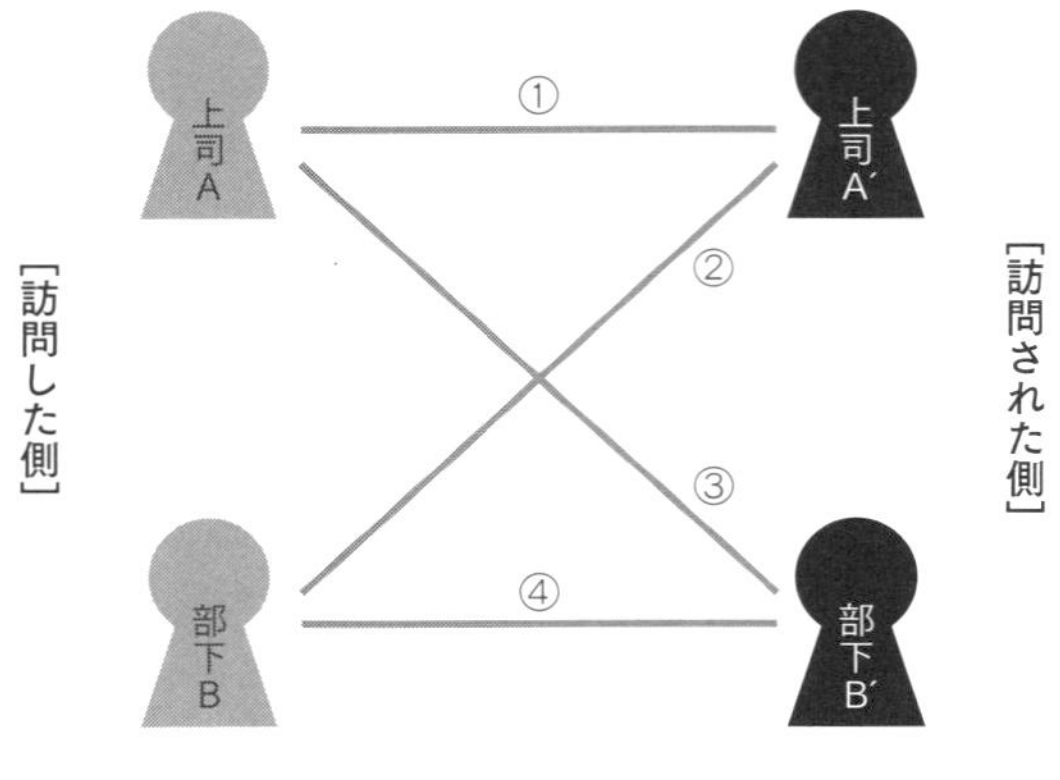

れの上に置くと丁寧な印象です。

名刺を忘れたら切らしていることにする

名刺は事前にきちんとそろえておくのが大切なマナーですが、万一忘れてしまった場合は**「切らしておりまして」**と言ったうえで、会社名、部署名、氏名を口頭で伝えます。

　ストレートに「忘れました」と言っては、ビジネスマンとしての資質を疑われてしまいます。

　名刺を切らしてしまうのもいいことではありませんが、忘れたと言うよりはいくぶんましです。

久しぶりの相手とは再度名刺交換をする

久しぶりに会った相手とは再度名刺交換をします。

　時間が経って、相手の部署や肩書《かたがき》が変わっている場合、古い肩書で呼んでしまうのは失礼ですし、かといって、「肩書は変わっていますか」などと聞くわけにもいきません。

　そんな時は、**「時間が空いてしまいましたので、改めて名刺交換をさせていただけますか」**などとお願いしましょう。

☆名刺をいただいたらすぐに名前で呼びましょう

名刺をいただいたらすぐに名前で呼びます。単に「よろしくお願いします」と言われるより「〇〇さん、よろしくお願いします」と言われるほうが親しみを感じられるものです。

SCENE 7

訪問と身だしなみのマナー

ビジネス

一般

名刺は自分のものも相手のものも丁寧に扱うのが常識

★★★

相手が見ている前で相手の名刺に書き込みをしない

ビジネスシーンでの名刺は、その人の分身として扱われます。そのため、汚れた名刺やよれよれの名刺を渡すのはとても失礼なことです。

また、相手の名刺に、相手の見ている前で**メモを書き込むのも大変失礼な行為**です。

どうしても読めないような難読漢字の仮名を、相手の許可を得たうえで書き込むのは問題ありませんが、これは相手の目の前で名刺に書き込みをしても失礼にあたらない唯一の例外でしょう。

相手の名刺への書き込みは帰社後、名刺整理の時にします。

★★★

かばんやポケットに直に入れない

前述のとおり、名刺は相手の分身として丁重に扱わなければなりません。いただいた名刺は、かばんやポケットに直に入れたりせず、毎回きちんと名刺入れにしまいます。

名刺入れは専用のものを使い、財布やパスケースなどと兼用したりはしません。

★★★

名刺入れは胸ポケットが定位置 お尻のポケットは×

名刺入れはすぐに取り出せるよう胸ポケットに入れておくのが原則です。胸ポケットがない場合は、カバンに入れておいてもかまいませんが、すぐに取り出せるよう、定位置を決めておくとよいでしょう。

名刺入れを入れる場所は出しやすいところならば基本的にどこでも問題ありませんが、**お尻のポケットだけはタブー**とされています。名刺は人に渡すものです。お尻にしかれていたものをそのまま渡されたのでは相手もいい気がしません。

★★★

いただいた名刺は帰社後すぐにファイリング

いただいた名刺は、名刺入れに入れっぱなしにせず、帰社後忘れないうちに専用の名刺フォルダにファイリングしていきます。その際、名刺にはいただいた日付を書いておくとあとで思い出す手掛かりになります。

名刺は必要な時に必要な人のものをすぐに取り出せるよう、業種別、職種別、会社別など自分のわかりやすいように整理・分類しておきます。

☆**相手の特徴はえんぴつで書き込みます**

いただいた名刺には、相手の特徴や会った際のエピソードなどをメモしておくと便利です。ただし、これらのメモは、もしもの時に消せるようえんぴつ書きにします。

SCENE 7

訪問と身だしなみのマナー

ビジネス

一般

ビジネスシーンの身だしなみの基本〈男性編〉

★★★

スーツ、シャツのしわ・汚れは毎日チェック

スーツは清潔感が第一です。スーツだけでなくシャツもしわやよれ、汚れなどがあると、社会人としての資質を疑われます。シャツは襟元《えりもと》、袖口《そでぐち》は特に汚れやすいので念入りにチェックします。

また、スーツは1日着たら2日は休ませて劣化を防ぎます。

スーツは、清潔感を保つためにも数をある程度そろえるのが大人のマナーです。

★★★

濃紺とチャコールグレーのスーツが基本

社会人としてそろえる最初のスーツは、**濃紺、チャコールグレーの2色**をおさえておくと安心だと言われています。よほど派手な色でない限りタブーはありませんが、茶系のスーツはカジュアルな印象になりがちなため、社内用とします。

仕事用にはぴったりしたデザインのものやダブルのスーツは避け、シンプルな形のものを選びます。

黒スーツは役職に就いてから

黒は本来フォーマルな場で着るものです。**スーツの色として黒はほかの色より格上**になります。そのため、ほかの色のスーツを着た人と黒のスーツを着た人が並ぶと、黒のスーツを着た人のほうが格上の印象になりがちです。特に堅い職場では、黒は役職に就いてから着るのが無難でしょう。

靴のかかとのすり減り、汚れをチェック

服装がきちんとしていても、靴の手入れがぞんざいだと、全体にだらしのない印象になってしまいます。

営業職など外回りが多い職種の場合は特に、かかとのすり減りもマメにチェックします。

クールビズでも襟付きが安心

夏になるとクールビズを推奨する会社も多いでしょう。

職場のカラーにもよりますが、**クールビズの場合でも、ワイシャツやポロシャツなど襟付きの衣服が安心**です。また、真夏でも取引先に伺う場合は、スーツにネクタイがマナーです。

☆ネクタイはラペルの幅に合わせて選ぶとしっくりきます

ネクタイは、大剣（太いほう）の幅をスーツのラペル（襟）の幅に合わせて選ぶと失敗がありません。そのため、ネクタイを選ぶ時もスーツ着用で選ぶのがお勧めです。

SCENE 7

訪問と身だしなみのマナー

ビジネス

一般

ビジネスシーンの身だしなみの基本〈女性編〉

★★★

服装は落ち着きのあるグレー、ベージュ、黒色を基調にして

女性の服装も男性の場合と同様、清潔感が大切です。男性の基本が「スーツ」と決まっているのに対して、女性は制服がなければ比較的緩やかなルールがあるだけです。

ただし、過度の露出を避けることはもちろん、派手すぎる装いも避けるのがマナーです。一般的には、**グレーやベージュ、黒など落ち着きのある色を基調にまとめる**と間違いがありません。

★★★

正式な場ではパンツよりスカート

式典やパーティーなど改まったシーンではワンピースなどのスカートスタイルが原則です。パンツスーツでもいけないわけではありませんが、**パンツスタイルよりもスカートスタイルのほうが格上**になります。

★★★

職場のドレスコードは先輩を参考に

ジャケットが必須の会社もあれば、派手な服装も許されている会社も……どこまでラフ

でいいかは職場によって違います。職場の先輩たちのコーディネートを観察して自分の服装の参考にするとよいでしょう。

アクセサリーはシンプルなものを二箇所まで、が基本

アクセサリー使いでは華美になりすぎないよう配慮が必要です。

職場では大ぶりなもの、ギラギラ光るもの、ジャラジャラ音を立てるアクセサリーは不適切です。小ぶりでシンプルなデザインのものを選びます。つける箇所も、指輪とピアス、もしくはネックレスとピアスなど、二箇所までにとどめると上品な印象です。

髪型・メイクには「清潔感」を

髪型も仕事をしやすい清潔感ある髪型を心がけます。

メイクはナチュラルメイクが基本です。濃い化粧はNGですが、薄ければいいわけでもありません。きちんとメイクするのも社会人のマナーのひとつ。**ノーメイクなのも、マナー違反です。**

また、仕事関係のパーティーに出席する際などは場にふさわしいメイクをしていくのがマナーです。

☆ロッカーに「きちんとジャケット」を1枚常備しておくと便利

大事な取引先との打ち合わせが急に入った時に限ってラフな格好……などという急場を凌ぐため、会社のロッカーにはきちんとして見えるジャケットを1枚備えておくと安心です。

SCENE 7

ビジネス一般

訪問と身だしなみのマナー

乗り物の席次は進行方向の窓側が上座。ただし目上の人の希望優先

★★★

電車の席次は進行方向窓側が最上座

電車の席次は快適さが基準になっています。**二人掛けの場合は窓際が上座、通路側が下座**になります。

四人掛けのボックス席では、**進行方向の窓側が最上座、次席はその向かい側の窓際の席、3番目は進行方向の通路側、末席はその向かい側の通路側の席**になります。

二人掛けの席を前後二列使用する場合は、前方二席から順番に窓側が最上座、その隣通路側の席が次席、後方二席の窓側が3番目、その隣通路側が末席となります。

横並びの三人掛けの席では、窓側が最上座、通路側が次席、中央が末席になります。中央の席が二席以上ある場合は、窓に近いほうから順に上座になります。

左図のように五列シートを一列使う場合は、二人掛けの窓側席が最上座、三人掛けの窓側が次席、二人掛けの通路側が3番目、三人掛け席の通路側が4番目、三人掛けの真ん中の席が末席という順番になります。

ただし、電車に酔いやすい人は進行方向の

電車、飛行機の席次

［4列シートの場合］　（進行方向は←）

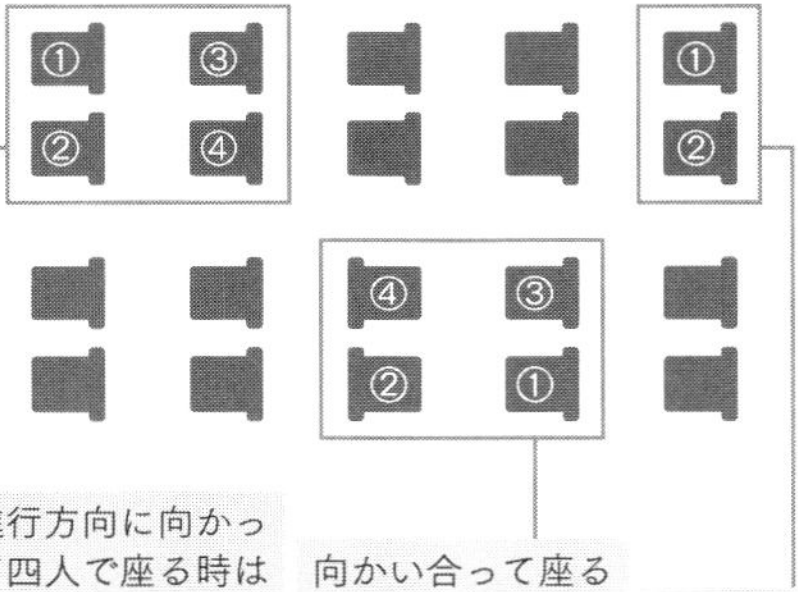

進行方向に向かって四人で座る時は前方窓際が上座、次席はその隣

向かい合って座る時は進行方向窓側が上座

横並びの席では窓側が上座

［5列シートの場合］　（進行方向は←）

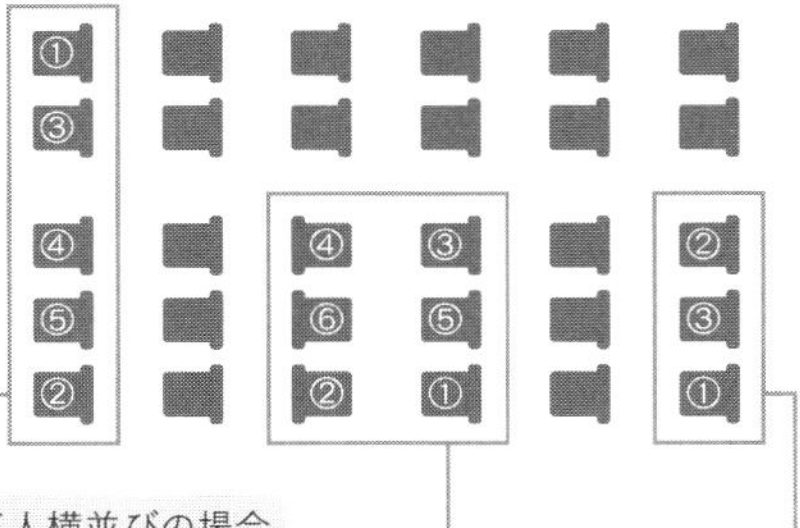

五人横並びの場合は、二人掛け窓際が最上座、次席は反対側の窓際

進行方向に背を向ける席が下座

三人掛けでは中央の席が下座

席にするなど、状況により配慮は必要です。

★★★
飛行機は窓側が上座。ただし相手の好みに合わせて

飛行機も電車の場合と同様窓側が上座になります。しかし、電車より長時間乗ることが多い飛行機では出入りしやすい通路側がいいという人もいますので、事前に相手にどちらの席がいいかを尋ねるのが親切です。

ほかの乗り物の場合も、相手の好みに合わせて臨機応変に対応するのが席次を厳格に守るよりも大切なマナーです。

★★★
席が離れた時は全体で上座を考える

席が並びで取れなかった場合、どの席にどの人に座っていただけば失礼がないかの判断に迷います。そんな時は、全体での上座を考えると指標のひとつになります。

電車では、車両の真ん中が上座になります。**飛行機では、コックピットに近い前方、バスでは運転席に近い前方が上座**になります。

お客様や目上の人には、上座に近い席を勧めますが、窓際、トイレからの距離など希望がある場合はそちらを優先させます。

★★★
タクシーでは運転手のうしろが上座

車の席次は安全度が基準になります。

タクシーでの最上座は、事故などが起きた時に最も安全度が高い運転手のうしろ側、つ

まり**後部座席の右側**にあたります。**次席は後部座席の左側、３番目が後部座席の中央、末席は助手席**になります。三人で乗る際は、後部座席の中央は空けておきます。また、乗車料金は末席の人が払います。

★★★
マイカーの上座は助手席

お客様が運転する車では、運転手に敬意を払って**助手席が最上座**になります。そのため、助手席には、お客様の同行者か自社の最上位の人が座るのがマナーです。上司の運転する車にお客様と乗る場合は、お客様には運転手のうしろの席を勧めます。

☆七人乗りの車は最後尾の二席が助手席よりも下座です

七人乗りの車では誰が運転手であろうと、一番スペースが狭く身動きがとりにくい最後尾の二席が下座になります。そのほかの席は五人乗りの乗用車と同じ席順になります。

タクシーの席次

運転手のうしろの席が上座、助手席が下座

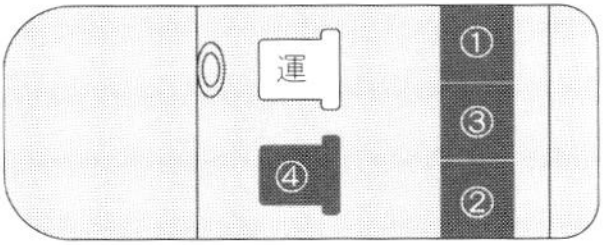

車の席次

上司やお客様が運転する車では助手席が上座になる

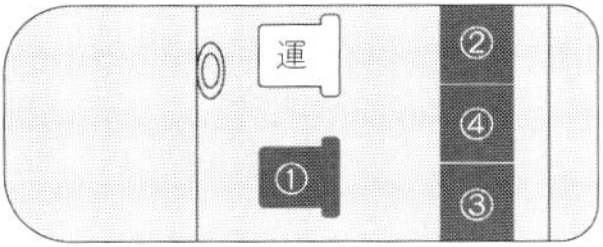

SCENE 7

ビジネス　一般

訪問と身だしなみのマナー

訪問後はメールや手紙でお礼を伝える。「こまめに」「丁寧に」が基本です

★★★

訪問後は お礼の手紙やメールを3日以内に

ビジネス訪問では、訪問後のフォローが重要です。

訪問のお礼は、メールの場合で当日中、遅くとも翌日朝のうちに、手紙なら3日以内に到着するよう手配するのがマナーです。

★★★

商談が不成立でも 感謝の気持ちは必ず伝える

商談が不成立に終わったとしても、訪問先へお礼の手紙やメールは必ず送ります。

メールや手紙には、**「本日はお時間をいただき誠にありがとうございました」**などという時間を割《さ》いてくれたことへのお礼の言葉と**「今後ともよろしくお願い申し上げます」**などの次につながる一言を必ず添えます。

商談が成立した場合のお礼状には、商談成立のお礼とおおまかなスケジュール、次回打ち合わせ日程などの必要事項も記します。

訪問が日常的な打ち合わせの場合は、打ち合わせ内容の確認を兼ねてメールを送るとお互いの思い違いやトラブルを回避できます。

★★★

訪問中に解決できなかった事案は帰社後すぐにフォロー

訪問中に回答できなかった事柄については、帰社後すぐに調べてお礼のメールや手紙とともに正確な情報をお知らせします。

資料の取り寄せや必要な情報を調べるのに手間取りそうな場合は、情報がそろうまで放っておいたりせずに**時間がかかる理由といつまでに相手に情報を引き渡せるかを具体的に伝え**、相手に了承を得ます。

急ぎの事案がある場合は、確認が取れ次第すみやかに電話で連絡を入れます。

☆納入後のフォローがリピート受注につながる

商品納入後も定期的に使い心地などを確かめるフォローの連絡を入れます。こまめなフォローは相手の満足度を高めるだけでなく、ニーズの開拓、追加受注につながります。

訪問後のメール文例

株式会社○○○　営業部長　加藤庄啓様

本日はお忙しいところお時間を割いていただき、
誠にありがとうございました。
いただきましたご意見を反映させ、
より良い商品の開発につとめていく所存でございます。
今後とも何卒よろしくお願い申し上げます。
取り急ぎメールにて御礼申し上げます。

株式会社△△△　営業部
大澤博
〒○○○-○○○○
東京都台東区○○○○○
Tel：○○-○○○○-○○○○
E-mail：○○○○@○○○○

参考文献

『気くばり上手、きほんの「き」』市田ひろみ、『外見だけで「品よく」見せる技術』永島玉枝、『大人のエレガント・マナー』松尾友子（以上、ＰＨＰ研究所）／『図解 これで仕事がうまくいく！ 話し方・聞き方のビジネスマナーの基本ルール』鶴野充茂監修、『図解 これで仕事がうまくいく！ ビジネスマナーの基本ルール』ＡＮＡラーニング監修（以上、成美堂出版）／『お仕事のマナーとコツ』西出博子、『おつきあいのマナーとコツ』石原壮一郎監修（以上、学研）／『必ず役立つ！ 男のマナー パーフェクトＢＯＯＫ』尾形圭子監修、『私を磨く！ 毎日が輝く！ 女性のビジネスマナー』松本昌子監修（以上、ナツメ社）／『図解 マナー以前の社会人常識』『図解 マナー以前の社会人の基本』岩下宣子（以上、講談社）／『さすが！と言われるビジネスマナー 完全版』高橋書店編集部（高橋書店）／『デキるビジネスマナー 図解』大泉書房編集部（大泉書房）／『速攻ビジネスマナー』古谷治子（日本実業出版社）

本作品は当文庫のための書き下ろしです。

ベスト・ライフ・ネットワーク

「より楽しくもっと快適な暮らし」を合言葉に、家事から文化、美容、健康まで多角的にアプローチするエキスパート。快適な暮らしと人間関係に役立つ情報を収集し、発信し続けている。この本では、もっと好かれる人、愛される人になるために知っておきたいマナーと大人なら身につけておきたい常識を紹介し、すぐに使えるように工夫した。

だいわ文庫

これ1冊《さつ》で！
もっと愛《あい》される「大人《おとな》のマナー・常識《じょうしき》」辞典《じてん》

著者　ベスト・ライフ・ネットワーク

二〇一四年六月一五日第一刷発行
二〇一九年四月一五日第一〇刷発行

発行者　佐藤　靖
発行所　大和《だいわ》書房
東京都文京区関口一―三三―四　〒一一二―〇〇一四
電話　〇三―三二〇三―四五一一

フォーマットデザイン　鈴木成一デザイン室
本文デザイン　福田和雄
本文図版・DTP　朝日メディアインターナショナル
本文印刷　シナノ
カバー印刷　山一印刷
製本　ナショナル製本

ISBN978-4-479-30487-6
乱丁本・落丁本はお取り替えいたします。
http://www.daiwashobo.co.jp